初中物理创新实验设计与教学研究实践

谭振兴 ◎ 著

吉林人民出版社

图书在版编目（CIP）数据

初中物理创新实验设计与教学研究实践 / 谭振兴著.
-- 长春：吉林人民出版社，2022.7
ISBN 978-7-206-19151-0

Ⅰ.①初… Ⅱ.①谭… Ⅲ.①中学物理课 – 实验 – 教
学研究 – 初中 Ⅳ.① G633.72

中国版本图书馆 CIP 数据核字 (2022) 第 133664 号

责任编辑：郭　威
装帧设计：智诚源创

初中物理创新实验设计与教学研究实践
CHUZHONG WULI CHUANGXIN SHIYAN SHEJI YU JIAOXUE YANJIU SHIJIAN

著　者：谭振兴
出版发行：吉林人民出版社（长春市人民大街7548号 邮政编码：130022）
咨询电话：0431-85378007
印　　刷：武汉颜沫印刷有限公司
开　　本：787mm × 1092 mm　　　1/16
印　　张：13.25　　　　　字　　数：206千字
标准书号：ISBN 978-7-206-19151-0
版　　次：2022年7月第1版　　　印　　次：2022年7月第1次印刷
定　　价：60.00元

如发现印装质量问题，影响阅读，请与出版社联系调换。

序　言

在初中阶段，物理属于基础学科，而在物理学科之中，实验又占据重要地位，学生通过实验可以对物理知识进行深入了解，促使其逐渐养成发散思维、形成创新能力。因此，物理教师应对实验教学加以重视，积极对实验进行创新设计，这样才能帮助学生更好地理解物理知识，促使教学效果不断提升。《初中物理创新实验设计与教学研究实践》一书结合新课程教育理念，融合教学实践经验，通过分析和整合初中物理实验教学内容，提出了一些切实可行的方法应用于物理实验教学中。本书出版的意义在于对实验的创新设计可以引导学生开展自主学习和自主探究，促使学生在思考、质疑、探究中对物理知识进行理解，感受物理带来的一些创新实践，有效培养学生的自主性和独立性。对物理实验进行创新的宗旨就是针对学生生活和实际情况进行问题设计，同时围绕问题对实验环节进行设计，给学生营造趣味性以及开放性的学习氛围，提高学生的学习兴趣和学习效率，培养其创新思维。而且，借助实验教学，学生可按照自身情况和节奏开展自主学习，这个方法体现出因材施教的原则，可以促使学生在课堂之上有所收获。

《初中物理创新实验设计与教学研究实践》一书也可以为初中一线教师提供一些实验教学改革的思路。本书内容既有对物理实验教学理论的指导，又能兼顾教师任教时的可操作性。因此，本书对于初中物理实验教学优化的实践具有较强的针对性和适应性。

综上可知，《初中物理创新实验设计与教学研究实践》一书可为读者提供有价值的参考与借鉴。

2022 年 6 月 6 日

自　序

物理学科是研究自然现象及其规律的一门学科。作为初中物理教师，不仅要对学生讲解理论知识，还要为学生演示物理实验过程，利用物理实验来为学生深入理解物理知识提供助力，而且物理实验还有助于培养学生的动手操作能力和自主探究能力。随着新课程改革的不断推进，广大教师需要不断探索物理创新实验的设计以及教学策略，以此来促使物理实验教学质量得到提升，同时能对学生的求知欲和探索欲起到激发作用。

创新是国家发展和个人进步的动力源泉，创新精神是不可缺少的精神素养。随着素质教育和综合实践活动的不断施行，既能有效提升学生的创新精神，又能锻炼学生的动手能力。

在初中物理教学中，借助物理实验培养学生科学思维、实验探究、科学态度等核心素养与物理知识传授同等重要。教师要立足物理知识和实验教学的特点，结合学生在学科基础、认知能力等方面的差异性，加强对物理实验教学资源的开发和利用，创新物理实验形式，增设物理实验机会，既要让学生掌握物理实验的一般原理和操作方法，形成相应的实验技能，又要渗透各类物理思想、物理方法，培养学生的物理综合能力，促进学生物理学科核心素养的形成与发展。

实验教学是物理学习中的重要环节之一，教师和学生需要在初中物理教和学的过程中深刻意识到物理实验的重要性，并对物理实验进行一系列的创新和优化设计。当下，不少学生能够较好地掌握物理学习的理论知识，但这并不意味着学生的实际操作和动手能力较强。对此，教师需要加强对物理实验的教学，让学生将理论与实际结合起来，能够通过实践操作对物理知识进行转化，最终提升个人的物理学习效率和学习成果。

鉴于此，笔者撰写了《初中物理创新实验设计与教学研究实践》一书。

本书共有七章。第一章阐述了初中物理实验教学的基础理论，第二章论述了基于核心素养的初中物理创新实验教学，第三章探究了基于STEM理念的初中物理创新实验设计与教学，第四章探究了基于"非常规"物理实验的设计与教学，第五章探究了基于生活化材料的物理演示实验设计与教学，第六章对初中物理实验教学中学生初步实验设计能力培养进行了探索，第七章诠释了初中物理实验教学中学生科学探究能力的培养。

笔者在撰写本书的过程中，借鉴了许多专家和学者的研究成果，在此表示衷心感谢。本书所研究课题涉及的内容十分宽泛，尽管笔者在写作过程中力求完美，但仍难免存在疏漏，恳请各位专家批评指正。

谭振兴

2022年4月于湛江

CONTENTS

第一章 初中物理实验教学的基础理论

第一节 初中物理实验的特点分析

一、物理新课程标准对科学素养的重视

义务教育阶段的物理课程是自然科学基础课程，作为科学教育的重要组成部分，它以提高全体学生科学素养为主要目标。《全日制义务教育物理课程标准》(以下简称《课程标准》)继承了我国中学物理课程的优良传统，并在此基础上把关注的重点放在学生的全面发展上，放在学生应对未来社会挑战的需求上，放在学生分析、解决问题能力的提升上，放在物理科学的技术应用及带来的社会问题上，放在时代发展对中学物理提出的要求上。物理新课程标准理念的第一条就是面对全体学生，提高学生的科学素养，把提高全体学生的科学素养作为目标，关注学生的个体化差异并为学生的学习和发展提供平等的机会，激发每个学生学习科学的潜能。在义务教育阶段，物理课程不仅要注重对学生科学知识的传授与技能的训练，学习必需的物理基础知识和科学方法，还要让学生经历科学探究过程，养成良好的思维习惯，培养学生具备一定的科学探究能力；让学生积极参与科学相关活动，具备提升实践效率的意识，长期保持对科学的探究兴趣；让学生形成良好的科学态度和科学精神，密切关注科学技术的发展，具备保护环境与可持续发展的意识，树立正确的科学观，担负起用科学造福于人类的使命与责任。从上述内容我们可以看出《标准》对培养学生科学素养的重视。

二、实验教学在物理教学中的重要作用

物理实验教学可以帮助学生建立物理概念，巩固物理知识，发展智力，培养学生各方面能力，是一种把理论与实际相结合的重要方法。物理源于实际生活，物理与生活是密不可分的。在物理实验教学过程中，教师可以通过

把生活中涉及的物理知识融入物理学科教学中的方式，使学生的学习兴趣也能被物理实验教学充分激发出来。实验是物理学科发展的根基，很多理论都是在实验过程中产生的，实验也是教学过程中的必要环节之一。在初中物理教学中，只要教师对演示实验和学生探究实验进行合理的安排，就能在很大程度上提升学生对物理的学习兴趣，培养学生严谨的学习态度与合作交流能力。由于物理学具有严谨的科学知识，在实验中，要通过仔细观察、细致对比、认真思考，才能归纳总结出实验结果和实验结论。这就培养了学生严谨的科学态度与科学精神。通过学生分组实验教学能够促进学生对合作重要性的认识，在实验过程中不断地磨合，可以提高学生的合作能力，以及对物理学科的学习效率，不断提高学生的科学素养。从上述内容我们可以看出，实验教学在物理教学中占据着相当重要的地位，同时发挥着相当重要的作用。

三、物理实验与物理实验教学

（一）物理实验

物理实验是人们根据研究目的，运用科学仪器设备，人为地控制、创造或纯化某种自然过程，使之按预期的进程发展，同时在尽量减少干扰客观状态的前提下进行观测，以探究物理过程变化规律的一种科学活动[1]。

物理实验是解决物理问题的重要手段，是学习物理知识、研究物理问题的重要工具。任何科学的结论必须经过实验的检验，实验是检验物理理论的最终标准。物理实验是物理课程一项重要的教学内容，同时也是物理课程的目标。在具有实验项目的教学中，教师会认真思考如何使学生懂得这个实验、如何使学生解答有关这个实验的习题。

（二）物理实验教学

物理实验教学是教师在物理教学过程中所采用的一种常用的教学方式。按教学地点可分为课内实验教学和课外实验教学；按教学类型可分为课堂演示实验教学、学生分组实验教学以及学生课后实验教学。课堂演示实验教学是由教师在课堂进行实验演示，引导学生观察并进行思考分析的一种实验教

[1] 陶洪．物理实验论 [M]．南宁：广西教育出版社，1996：81.

学方式。学生分组实验教学是指学生在教师的指导下，在实验室或者教室分组进行实验活动的一种实验教学方式。学生课后实验教学是指教师通过提前布置实验课题，让学生在课后独立开展实验的一种实验教学方式。

四、初中物理实验的特点

实验是贯彻"理论联系实际教学原则"最直接的教学方法，能够在真实场景里再现教科书中概念、规律的建立过程，并且可以人为操控条件、排除干扰因素[①]。除此之外，实验还是学生最愿意接受也最感兴趣的物理教学方式，学生往往一听到要去实验室做实验，便兴趣大增，心怀期待，确实比起书本上冷冰冰的黑体字概念，让他们亲自动手操作来推演概念建立的过程更能激起学生那份对自然现象最原始的好奇与憧憬，即使是身边最常见的物品，如塑料瓶、吸管等，通过设计实验后呈现的效果依然能给学生留下愉快的学习印象。因此，在新课程的改革以及素质教育中，都提到了实验这样探究性的教学活动对学生创新精神的有效培养，作为中学物理教学阶段必不可少的教学环节，物理实验具有理论教学难以比拟的以下几个优势特性。

（一）初中物理实验具有超前性

新版物理教材在每节呈现主要学习内容之前，设置了很多探究性小实验来帮助学生预习教材内容，教师在真实课堂中用好这些课前小实验能够发挥提前预知的超前性效用，迅速让学生进入学习状态并使其置身于当前学习主题的情境之中，随后学生在教师配合实例的讲解中很容易攻克教学中的重难点，比如在八年级上册《声音的特性》一节中，课前教师就可以借助盛水量不同的玻璃杯弹奏简单熟悉的音符来引入情境，同时和该节教学重难点（音调、响度、音色）进行初步联系。如果教师随后能够准备适当的发声用具分别体现出这三者的不同，学生很快就能在听觉上弄清楚三者的区别，这样，既调节了课堂的气氛，也让学生学到了知识。除此之外，在学习内容之前，教师对学生进行超前性引导，还能加深学生对知识的印象。

---

① 牟海维，金少先，王世英.改革物理实验教学提高学生综合素质[J].实验室研究与探索，2000(04)：14-16.

（二）初中物理实验具有实时性

物理教材中有一些内容难度较大，所用到的实验器材专业性也比较强，这类内容如果只凭学生自己是难以攻克的，需要在学习过程中由教师引导着分化难点、强化重点。此时，作为辅助教学的实验就要实时跟进。例如，在八年级上册《凸透镜成像的规律》一节中，其重难点就是实像和虚像的区分以及不同物距、像距下成像的特点。该实验需要注意的细节非常多，而且对学生来说也较为复杂。只有实时跟进实验的同时引导学生进行细致的分析，才能让学生真正弄清楚凸透镜成像的情况。

（三）初中物理实验具有拓展性

物理实验的拓展性体现在超越书本既定内容的限制，以其他的呈现方式还原教材中的概念和内容，教师也可以对教材中原本的实验进行一定的深化、拓展，换一种设计思路给学生不一样的学习体验，达到多角度分析问题的目的。例如，在八年级《物态变化》的章节中，教师可以使用液氮的各类特性来给学生做实验，以另一种方式呈现物态变化的过程，丰富学生的感性认识和理性认识，在本书后续的具体实验教学案例中有较详尽的记录。

（四）初中物理实验具有直观性

实验教学所具有的直观性特点是有目共睹的。人具有形象思维特征，直观呈现的物理场景对学生来说会有更深刻的记忆，也更容易使学生对书上的案例有全面的理解。另一种直观性的实验教学是让学生自制教具。人的大脑善于空间想象，有些教具的制作过程本身就需要运用不少的物理知识，学生实际操作比让学生观察成品教具更具有教学意义。

上述几个中学物理实验的特性与 STEM 教育的理念是相吻合的。STEM教育强调活化基础知识，理论与实际一体，弥补传统教育中知识传授的机械与呆板，既能与物理实验很好地相结合，也符合我国培养新世纪技能人才的需求。

第二节 初中物理实验教学的理论依托

一、建构主义理论

(一)建构主义理论的内涵

建构主义在20世纪80年代兴起，代表人物有皮亚杰、布鲁纳、维果茨基、科恩伯格等。在建构主义的世界观中，人是万物的尺度，人所掌握的知识并非客观事实的纯粹反映，只是人基于自身对世界做出的解释。在教学中，建构主义理论坚持以学生为中心，强调学生对知识的主动探究，强调对知识意义的主动建构，比起"教"，更重视"学"的过程。

皮亚杰的图式结构是建构主义中最重要的概念。在历史上，建构主义的形成经历了一个非常悠久的过程。皮亚杰主张，儿童在环境中成长时，循序渐进地构建起关于外部世界的知识，从而改变儿童本身的认知结构，以此得到发展[1]。在学生个体思维发生的过程中，应该通过建构的方式来学习知识。皮亚杰强调了儿童与环境之间的相互影响，并通过相互影响，使学生获得各种各样的经验，从而促进本身的发展[2]。提供科学的认知方法，主张学生解放自己，与时俱进地接受新的学习方式，从而提升学生的学习动力，为建构主义的发展奠定深邃的理论基础。

将建构主义理论应用于初中物理实验课程中，强调了个体的主体性，论证了认知的能动性，即在学生建构物理知识的动态过程中，可以通过各种渠道搜集相关知识。学生在学习新事物之前，本身就具有一定的认知，并不是全然不知的一种状态。教师以一个引导者的角色在学生学习知识的活动中，帮助学生建构知识，激发学生学习物理实验课程的内在动机，为学生创建新旧知识之间的联系，注重学生对知识的重新建构。将建构主义的一般教学步骤应用在具体的教学过程中，便是：教师立足于生活中的常见现象，建构出与物理知识相关的情境，再引导学生分析物理情境，学生从教师创设的

---

① 余璐.基于物理学科核心素养的教材"二次开发"实践研究 [D].昆明：云南师范大学，2018：21.

② 隋俊宇，石卉.建构主义学习理论简析 [J].教育现代化，2019，6(98)，33-35.

情境中总结出与学习内容相关的问题，最终解决问题。在这一过程中，着重强调了学生在认识新事物时，以自身为主来建构知识的过程，也改变了传统的教学模式，让学生成为物理实验课的焦点。

（二）基于建构主义衍生的教学模式

基于建构主义衍生的教学模式主要有四种，分别是观念转变教学模式、支架式教学模式、随机进入教学模式和抛锚式教学模式。这些教学模式的理念对于物理实验教学的创新设计而言是极具借鉴意义的，这里分别做简单的介绍。

1. 观念转变教学模式

观念转变教学认为，学生的学习是纠正相异概念和建立新知识结构的过程。在学生学习新知识之前，脑海中已经存在基于生活经验的基本认知，被称为"相异概念"，而且学生已经养成了独特的思维方式，这些非正式经验在思维定式的作用下会使学生在正式教学的过程中不可避免地产生困惑，甚至产生新的错误概念。因为学生在进行知识迁移的过程中，对前概念（Pre-conception）深信不疑，还会尝试对这些错误概念做出新的解释。为了使概念转变的过程清晰明了，观念转变教学模式提出了更为具体的两个途径，充实（Enrichment）和重建（Restructuring）[1]。所谓充实，就是对学生原本的概念结构增加层级组织，并进行扩展和删除，前提条件是原有概念与科学概念具有连续性或相似性；重建是创造新的知识结构，这是以原有概念与科学概念完全不同为前提的。

2. 支架式教学模式

支架式教学以维果茨基的"最近发展区"为理论基础。在维果茨基提出的见解中，学生自主解决问题和在教师指导下解决问题产生的实际效果是不同的，教师的教学能够为学生创造出一个"发展区"，也就是学生潜在能够达到的水平。因此，教学要领先于发展。这就需要教师对学生的认知水平和思维方式有足够的了解。教师给学生提供的"观念框架"既可以是学习所需要的概念，也可以是思想和途径，学生在学习过程中借助教师所提供的"观念框架"，将新的知识以不同层级填充其中，完成自己的新知识构建，这样

---

① 黄雪娇，周东岱，黄金，等.基于知识建构的 STEM 教学模式构建研究 [J]. 现代教育技术，2019，29(06)：115-121.

的新知识框架更加系统化、标准化。

3. 随机进入教学模式

随机进入教学模式是指在教学过程中着眼于不同方向，以多种方式呈现同一种学习内容，帮助学生完成对知识的多种意义建构；其基本思想源自1990年斯皮罗等人提出的建构主义理论分支——"认知弹性理论"①。他们认为，知识的表征方式有多个维度，只有以多种方式对知识进行建构，才能让学习者应对变化的环境时能采取适当的策略，提高学习者的理解能力和迁移能力是"认知弹性理论"的宗旨。在斯皮罗等人对学习层次的观点中，学习分为初级学习和高级学习两个阶段。初级学习阶段学习的主要是概念和既定事实；高级学习阶段则是学习如何在不同情境中灵活运用所学的知识。他们反对传统学习中混淆初级学习与高级学习的方式。为了寻找适合于高级学习的学习模式，他们提出了随机进入的教学模式。因此，随机进入教学模式适用于结构不良领域中高级知识的学习，是为了较早地呈现高级知识的某一特征。

4. 抛锚式教学模式

抛锚式教学以具有感染力的真实问题作为"锚"，让学生置身于真实的题目背景中产生学习需求，并在与他人互动的过程中达到目标，完成对所学知识的意义建构。建构主义认为，让学生掌握事物之间的深刻联系和事物的真实性质需要让他们到现实世界的真实情境中切身感受和体验，确定这些真实的事件或问题就被形象地称为"抛锚"，教师再根据所确定的问题决定教学的内容和进程走向，有时这样的教学模式也被叫作"实例式教学策略"②。约翰·布朗斯福特作为抛锚式教学的主要代表人物，对该教学模式做出了许多理论指导和探究贡献。

建构主义理论对于学校教学的发展意义重大，影响深远。在美国，相当多数的教师以建构主义作为自身的教育哲学。作为我国当前课程改革的指导理论，物理课程标准研制组更是将其奉为国际科学教育改革的主流理论。在STEM教学模式中，建构主义理论体系的指导是不可或缺的，知识的建构应

① 吴俊生，詹伟琴. 随机进入教学法在物理教学中的应用——以"摩擦力"一节为例 [J]. 物理通报，2018(03)：30-34.

② 李冬蕾. 综合实践活动课中抛锚式教学法的应用 [J]. 中国德育，2019(15)：18-22.

是一个不断迭代循环的动态过程，具象化的技术和工程可以让学生树立起非线性的学科思维方式，师生、生生之间的积极性交互作用同样是知识建构中的高效因子。因此，建构主义理论已经逐渐以显学的姿态出现在学术界的各个研究领域之中，成为人们创新和改革的指明灯之一。

二、物理实验教学理论

理论源于实验，实践才出真知。实验作为科学研究的基本方法之一，在各类学科领域都占据着决定性的地位。所谓实验，是指研究者基于一定的目的对外界无关因素进行排除，突出主要因素并借助设备、仪器模拟研究或还原某种进程，以探究变化规律的科学活动。物理作为最基础的一门自然科学，与生产、生活紧密联系，它所探究的是物质世界的基本结构和普遍的相互作用。在中学阶段，学生不仅要学会操作实验，更要掌握思维方法。

中学物理实验包括电学实验、力学实验、热学实验、光学实验等各类相关实验，常用于验证物理教学中的概念、定义或规律。现行初中物理教材中包含了19个学生分组进行的实验，211个演示类实验，以及一定数量的课外小实验。作为中学物理教学关键的一环，实验教学有着理论教学难以比拟的功效。

第一，能够培养学生学习物理的兴趣。对于刚刚接触新知识的学生来说，对当前物理课程的第一印象往往决定了他们学习的积极性。如果能够在此时设置一个新奇的、有悬念的实验作为辅助，学生就有了继续听下去的兴趣和探究的动力。兴趣才是学生最好的老师。

第二，培养学生透过现象看本质的心态和能力。实验教学能够潜移默化地培养学生看待问题的全面性，让学生学会看到问题时首先思考表象的背后隐藏的原理，这是一种科学的思维习惯。中学物理教材中的内容，如物态变化、虹吸原理等，都有非常明显的现象，学生在面对神奇的一幕时，教师除了让他们满足视觉上的体验之外，还应设置悬念给学生以思考的空间，否则只是看个热闹，教学效果就会大打折扣。

第三，培养学生的合作精神。很多物理实验是学生无法单独完成的，此时就需要进行小组合作、分工协助。在相互配合进行实验的过程中，学生不仅学会了如何分配任务，还训练了表达和交流的能力，团队协作精神也能得以提升。除此之外，多人合作有利于思考方向的全面性，适当的认知冲突对学生而言也是必要的。

第四，培养教师的综合素质。物理实验的受益者不仅限于学生，对教师来说，实验教学可以锻炼创新能力、应变能力和动手能力。在多次的实验教学后，教师能够渐渐形成自己的教学风格，也能够从中获知自己如何更好地掌握课堂的节奏，做到课在心中、课在眼中。

总的来说，结合实验的物理教学能够给学生提供形象思维的模型，教师根据教材的重点和难点分布设置巧妙的实验也能够有效地抓住整节课的中心，实验辅助教学的过程，也是发现和解决认知冲突的过程，同样也是教学相长的过程。如果说理论学习是建构知识大厦的地基，那么实验教法就是不同学识层级的支柱。

第三节　初中物理实验教学的模式探究

初中生的大脑、身体处于一个高速的发展时期。初中生有着很强的接受新事物、新知识的能力，而在实际的物理课堂上，做实验能够有效地锻炼学生的观察能力、动手实践能力、小组沟通与合作能力、分析物理规律的能力等，对学生获得新的物理知识、掌握新的规律提供了有效的帮助。

一、初中物理实验教学的传统模式

在实际的物理课堂教学中，实验教学分为演示实验和分组实验。演示实验主要是以教师为中心，教师边做边讲边分析，学生边看边听边观察。这种课堂教学机制主要是因为器材、条件、课时等因素限制，或者说只需要学生看实验现象，在课堂上只是辅助教师教学的课堂活动设计[①]。而另外一种实验形式是学生分组做实验。组虽然分好了，但是实验器材、实验方案都是物理教师提前在备课中准备好的，这些程序只需要学生一步一步动手操作，按要求得出预想的结果就可以了。学生只是按照实验步骤一步一步地去做，数据一步一步地去记录，虽然动脑思考了，但是学生的发散性思维、创造能

---

① 李建海 . 中学物理演示实验教学的实践与思考 [J]. 实验教学与仪器，2019，36(7): 18-19.

力却得不到发展。而且因为课堂上时间的关系，不同的学生理解能力存在差异，会导致一个小组不是所有学生都能够亲身经历一遍完整的实验探究过程。随着素质教育改革越来越深入，尤其是新课程标准实施后，教师和学生对于物理实验有了新的认识，并推翻了原有的对实验教学的刻板印象。

二、初中物理实验教学的探究性模式

以学生为主体，在探究过程中突出以学生为中心的主导地位，基于学生已有的知识体系，利用实验探究作为实验教学的基本手段，通过探究的方式来解决问题[①]。这种教学模式需要教师在课堂上进行物理实验教学时对学生做积极的引导。教师首先要创设物理情境，接着引导学生通过提出问题、猜想与假设、制订计划设计实验、进行实验并得出数据、分析与论证、合作交流和评估的实验方法来学习新的知识。这样的教学模式对于学生的全面发展更有帮助，学生在课堂上不需要再按照教材上的实验步骤和教师提供的实验方案去按部就班地进行实验，真正地成为课堂的主体。

三、初中物理传统教学模式与探究性教学模式的不同

传统实验教学模式有一定的优势，体现在过程简单、明了，比较容易让学生接受，便于理解和记忆，而且教材和实验报告上有现成的方式、方法、实验步骤，基础弱的学生也可以进行实验，教师对课堂纪律和时间的把控也相对轻松。但是传统课堂上的实验教学也有一定的劣势，比如教学模式是按照教师的步骤进行，学生在实验过程中不容易记住这一过程，新知识有时不是通过自己的科学探究掌握的，容易被忘却，并且容易导致学生做实验太看重实验结果。以探究水沸腾实验为例。笔者在实验教学过程中发现，如果按照传统实验教学理念开展实验，多数学生更重视水烧开观察温度的结果，而忽略水在沸腾过程中气泡、温度的变化情况。虽然实验结果很重要，但是探究实验的过程是否是恰当的、实验操作和探究的能力是否能够得到培养，这就是一个未知数了。课堂教学时间有限，教师没办法手把手地帮助每一位学生，这就需要教师去研究了，而探究性实验教学就能够很好地弥补传统实验教学所产生的部分问题。

① 冯杰. 物理概念教学与物理规律教学之差异性探讨 [J]. 物理教师，2020，41(01)：2-8.

表1-1 传统实验与探究实验对照表

层　次	传统实验	探究实验
主　体	以教师为主体	以学生为主体
观　念	1.学生缺乏相应的知识经验。 2.学生根据教师传授的知识进行学习。 3.不具有明显的针对性。	1.学生有一定的知识经验。 2.学生主动构建知识。 3.根据学生的基础有针对性地设计教学方式和教学方法。
方　法	1.学生动手操作实验和观看实验相结合。 2.不对比探究研讨。	1.学生自主参与实验的探究。 2.通过实验前后了解学生对知识掌握的情况。

从对照表（表1-1）可以判断出，探究性实验的教学形式对于学生的发展要明显优于传统形式的实验教学。

第四节　初中物理实验教学的"教、学、评一致性"

一、"教、学、评一致性"的内涵

最早提出"教、学、评一致性"概念的是美国教育心理学家科恩。他用一致性来替代教学中的某些设计条件与预期的教学过程、教学结果之间的匹配程度，并且通过研究发现，如果教学目标与评价一致性越高，无论是普通学生还是天才学生都能取得好的成绩[1]。

在国内首次提出"教、学、评一致性"的是华东师范大学崔允漷教授。他在课程领域的专业化诉求、评价领域的范式转型这两个背景下，提出了"教、学、评一致性"这一概念，并阐述了这一概念对我国教学的意义[2]。崔永漷教授认为，"教、学、评一致性"是由目标导向的学教一致性、教评一致性和评学一致性三个要素组成的，它们两两之间存在着一致性的关系，然后组合成一个整体[3]。即在教学活动中，以明确清晰的目标为导向，教师的教、学

① 张顺清．"教、学、评一致性"与"教、学、评一体化"的起源和含义 [J].中学化学教学参考，2019（13）：4-5.
② 陈雪丹．课堂教学中"教—学—评一致性"研究 [J].数学学习与研究，2020（13）：160-161.
③ 崔允漷．论指向教学改进的课堂观察LICC模式 [J].教育测量与评价（理论版），2010（03）：4-8.

生的学以及对学习的评价应具有与目标的一致性。

本书所定义的"教、学、评一致性"是依托崔允漷教授的"教—学—评一致性"理论模型展开的。在当下很多初中物理实验教学中，教了不等于学了，学了也不等于会了。因此，"教、学、评一致性"的实施必须是围绕着教学目标"教而后学、学而后评、评而后教"的融合循环过程，直到目标达成。首先，教师要制订一个清晰明确的教学目标；其次，教师依据教学目标制订评价任务，评价任务指向教学目标；最后，教师围绕教学目标设计教学活动，以教学目标为基准，教学目标既是出发点也是归属点，评价任务作为"GPS 导航系统"，精准定位学生的学习情况、教师的教学情况，如若发现"教学活动偏航"（脱离教学目标），这时基于"教、学、评一致性"，及时调整教学活动，这是一个反复循环的过程，不断促使教学更有效地进行下去，即教学目标、教学活动、教学评价三者之间达成一致，实现教、学、评一致。

二、初中物理实验教学"教、学、评一致性"的策略

要想提高实验教学的有效性，就必须使实验教学的教、学、评一致。因此，笔者接下来将根据初中物理实验教学中教、学、评不一致的原因，提出提高初中物理实验教学的"教、学、评一致性"的策略。

（一）教学目标的落实策略

清晰合理的教学目标是"教、学、评一致性"的核心，教、学、评的一致，就是保证教学、学习和评价与目标一致，因此首先从教学目标策略入手。教师应该具有强烈的目标意识，以便能够制订清晰合理的教学目标，并根据教学目标制订教学计划、选择教学内容、组织教学活动、进行教学评价，让教学目标指导教学的每一个过程[1]。而教学目标的不合理容易导致教学的开展与目标脱轨。要想提高初中物理实验教学的"教、学、评一致性"，就要增强教师的目标意识，掌握如何拟定清晰具体的教学目标的策略。

1. 明确课程标准的要求

物理课程标准作为教师教学的根本依据，基于"教、学、评一致性"进

---

[1] 许贞彩. 地理课堂教学中"教—学—评"一致性研究——以郑州市 Y 初中为例 [D]. 开封：河南大学，2018: 13.

行教学目标设计时，教师必须认真研读物理课程标准，掌握其对初中物理实验进行的明确说明。初中物理课程标准对实验进行了明确的说明，在"内容要求"中，凡是用"通过实验"这一措辞陈述的知识内容，都必须通过实验来学习。这些实验是必须做的，是课程标准对物理实验的基本要求。不管是演示实验还是学生实验，都应该尽量让学生明白实验的目的、理解实验的原理。在做演示实验时，实验的操作者是教师，学生的主要任务是观察和思考。教师应注意引导学生观察实验现象。关于实验现象所说明的问题，教师应启发学生进行积极的思考和交流。进行学生分组实验时，在学生理解实验方案的前提下，教师应该让学生自主进行实验探究，必须让学生真实地参与体验实验的过程，才能符合课程标准中技能型目标的水平层次。

除了课程标准要求的学生必做的分组实验以外，其余教材上要求演示的实验均以演示实验进行。在进行实验教学前，教师必须认真研读课程标准，结合课程标准要求，掌握每个实验属于哪一类实验，才能知道当堂实验教学应该怎么开展，应该设计怎样的教学目标，学习目标应该达到什么程度，从而设计评价任务跟踪实验教学，才能使整个教学按"教、学、评一致性"的节奏进行下去。

在进行教学目标设计时，结合课程标准，明白每个实验的分类，按分类标准开展。由于课程标准对物理实验的要求，教育部也特别重视学生实验技能的培养，对此也加大资金投入力度。对于大部分学校而言，实验器材都是完善的，但是也不排除一些乡镇学校、偏远地区学校的实验器材不是很充足，有些实验器材还是不够、不全。针对这些情况，学校和教师除了结合课程标准之外，也应该结合学校以及学生的情况，设计适合学校自己的教学目标。教师也可根据实验要求，利用生活中的器材，制作一些适合实验教学的教具，努力让实验教学的教学目标设计与课程标准的要求达成一致。避免因为缺实验器材，把学生分组实验当成演示实验进行，把演示实验当成口述实验进行。

2. 目标分解，拟写清晰具体的教学目标

课程标准的要求是面向全体学生的课程目标，而教师在设计教学目标时，应该结合教材、学校校情以及学生学情对课程标准进行分解，从而拟定清晰合理的教学目标。崔允漷教授曾以"教、学、评一致性"的思想对课程标准进行解读，并对分解步骤进行了具体说明，本书主要借鉴崔允漷教授分解课程标准的策略，具体分解步骤如下：

第一步：分析语法结构并找出关键词，分析句型，找到行为动词以及其指向的核心概念、修饰的副词、规定的条件等。

第二步：找到其中的核心概念，对核心概念进行剖析、扩展。

第三步：找到行为动词（行为表现），对行为动词进行剖析、扩展。

第四步：分析课程标准中的行为条件，结合学情、教材加以整合，确定行为条件。

第五步：结合学情、教学指导意见等，进一步确定内容标准中已有的或补足内容标准中缺少的行为的程度。

第六步：叙写具体、规范的教学目标。

物理课程标准中规定，科学探究既是学生的学习目标，又是重要的教学方式。在"科学探究能力目标"中，分别对提出问题、猜想与假设、设计实验或制订计划、进行实验与收集证据、分析与论证、评估、交流与合作七个要素对应的科学探究能力提出了具体要求。教学设计中应把科学探究能力目标进一步分解细化，转化为具体的教学目标。

教师的教学、学生的学习以及教师对学生的评价都依据同一个教学目标，并共同指向目标的达成，苏霍姆林斯基说过，经常焦急地看到学生上了一节课之后，知识却毫无长进，跟没学一样，原因是教师在课上没有提出明确的目标和步骤[1]。因此，不管是物理理论教学还是物理实验教学，在教学时都应该将目标以文字的形式呈现出来。为了避免实验教学的随意性，提高物理实验课的"教、学、评一致性"，教师应该把目标作为开展实验教学活动的依据，把目标当作实验教学评价的标准。

基于泰勒原理和教育目标分类学原理，在叙写清晰具体的教学目标时，笔者采用"ABCD表述法"对课程标准进行叙写，拟写具体合理的教学目标。"ABCD表述法"的叙写公式："行为主体（Audience）"+"行为表现（Behavior）"+"行为条件（Condition）"+"表现程度（Degree）"+核心概念。

有时，为了简述教学目标，省略书写"行为主体"和"行为条件"，即使省略书写了，但具体的目标也要能体现它们的存在；在整个教学活动中，学

① 许贞彩. 地理课堂教学中"教—学—评"一致性研究——以郑州市 Y 初中为例 [D]. 开封：河南大学，2018：11.

生是学习的主体，因此在设计教学目标时，必须明确学生作为行为主体，不能出现让教师统领教学目标的情况；叙写教学目标时，应该选择具体、可测量的显性行为动词，避免出现隐性行为动词，这样使得教学目标不可测、不可评，教学目标中行为动词的认知水平、技能水平以及体验水平也要符合课程标准要求的相应的水平程度，课程标准中对部分行为动词的认知水平、技能水平以及体验水平做了界定，如表1-2所示。

表1-2　行为动词水平程度界定

类　型	水　平	行为动词举例
认知性目标行为动词	了解	了解、知道、说出、举例说明、说明
	认识	认识
	理解	理解、计算
技能性目标行为动词	独立操作	会、会测量、会使用、会用……测量
体验性目标行为动词	经历	尝试、观察、探究
	认同	关注、有意识
	内化	养成

　　叙写清晰的表现程度词，可以让教学目标更有指导力度，学生也容易清楚地掌握自己的学习结果应该要达到什么样的程度。分解过后的教学目标更加具体明确，为实现物理实验教学的"教、学、评一致"奠定了基础。接下来将对人教版八年级《温度》一节中的"用温度计测量水的温度"这堂实验课的课程标准进行目标分解，拟写具体、规范、合理的教学目标。

　　首先课程标准要求这是一个学生分组实验，涉及实验探究过程。除了对课程标准中内容目标进行分解之外，还应该对"科学探究能力目标"进行细化分解。教师在教学时，必须按分组实验要求开展实验教学。

　　课程标准对这个实验的要求：了解液体温度计的工作原理，会用常见温度计测量温度，尝试对环境温度问题发表自己的见解。

　　学情分析：虽然温度计是生活中常见的仪器，但是对于初中学生而言，很少亲自接触和使用。对于温度计的原理的掌握，学生没有充分的前概念认知，需要教师在教学中结合教材内容加以讲解；对于温度计的使用操作，需要教师在实验探究过程中及时指导学生正确使用；学生需要针对环境温度问题尝试发表个人看法，是因为初中生对生活中的环境温度问题了解不够全面，要让其发表个人见解，呈现具体事例方能让学生更好地进行分析。

对课程标准进行细化分解后，用"ABCD 表述法"拟写目标，具体程序如表 1-3 所示。

表 1-3 "ABCD 表述法"拟写目标的程序

行为主体	行为表现	行为条件	表现程度	核心概念
学生	课程标准要求的是"了解"，属于认知性目标水平的"了解"层次，这里可以续写为可测量的行为动词"知道"；"会用……测量"属于技能性目标水平的"独立操作"层次，在这里也可以写作"会使用"这个行为动词；"尝试"属于体验性目标水平的"经历"层次，在这里就写作"尝试"这个行为动词	通过阅读关于"温度计的使用操作说明"的材料以及观看关于"环境温度破坏"的相关视频	"会使用"增加表现程度词"会正确使用"，"会读数"叙写为"能够正确读数"	1. 温度计的工作原理；2. 使用温度计；3. 温度计的读数；4. 环境温度问题，如温室效应

"ABCD 表述法"最终拟写的教学目标：

（1）通过阅读教材中的相关内容并结合教师的讲解，使学生知道温度计的工作原理。

（2）通过实验探究，能够正确使用温度计测量水的温度，并能够正确读出温度计的示数。

（3）学生通过观看视频并与组员进行交流，尝试分析出温室效应产生的原因，并对生活中的其他温度问题发表自己的看法。

(二) 教学评价的实施策略

教学评价也是"教、学、评一致性"的一个重要环节。教师缺乏评价素养，没掌握具体的评价策略，也会导致教、学、评不一致的现象。传统课堂的评价更多的是关注学习结果，确定课后的学习情况，通过终结性考试来评价教学，把作业当作学习成果。而"教、学、评一致性"的理论则认为，教学评价任务应当作为教师课堂教学和学生课堂学习的介质[①]。教师在课堂上缺乏过

---

① 杨向东，张晓蕾. 课程标准的开发与基于标准的学业水平考试的设计：美国的经验与启示 [J]. 考试研究，2010，6(01)：109—125.

程性评价、有目标无对应评价任务、评价过于随意、评价体系单一，不足以达到评价目的等表现都属于教师的评价素养太弱。要想提高初中物理实验教学的"教、学、评一致性"，就要提高教师评价素养，掌握教学评价策略。

1. 基于"评价与目标之间的对应思维策略"设计评价任务

"评价与目标之间的对应思维"指评价任务源于教学目标，是为达到教学目标而设定的。评价任务需要解决的是学生到哪了的问题，以及到了何种程度的问题[1]。保证评价任务与教学目标之间的匹配，每个教学目标都有对应的评价任务，可以是一个评价任务对应一个教学目标，也可以是多个评价任务对应一个教学目标，甚至是一个评价任务对应多个教学目标。因此，这里的对应关系并不是一一对应。

"教、学、评一致性"下需要有共同的教学目标，不管是在授课层面还是在学习层面，甚至是在评价层面，都需要教师围绕教学目标展开。在教学评价过程中，教师应该注意相应的关系，使教学评价与教学目标相一致。在教学过程中，很多教师的教学评价具有随机性，与教学目标的关系不紧密，甚至是教师根据自己的思路天马行空地进行教学，学生的知识很难形成系统。因此，教师一定要把握好教学评价和教学目标之间的关系，改变传统的随机评价方式[2]。在拟定完教学目标之后，采用"评价与目标之间的对应思维策略"设计相应的评价任务，并应用到教学活动中，以反馈教学目标的完成情况，让教学评价发挥其助教促学的功能。

2. 评价体系多元化，评价反馈及时且明确

新课程标准倡导"基于过程，促进发展"的学生学习评价，倡导运用多元化的评价体系，促进学生全面而富有个性的发展，促进教师反思和改进教学，实现评价的诊断、激励和发展的功能。

评价主体多元化。现代教育评论理论指出，评价者与被评价者之间是合作、平等的关系，两者属于平等的评价主体。评价主体之间相互交流的过程实际上就是评价过程。教师必须尊重学生的主体地位，使学生在自我评价以及他人评价的过程中不断反思，逐步成长。改变过去仅由教师评价学生的单一评价方式，重视学生自评、学生互评，使评价成为教师、学生、同伴等

① 高园梅.提升课堂教学中教—学—评一致性的策略研究 [D].重庆：西南大学，2020：14.
② 陈雪丹.课堂教学中"教—学—评一致性"研究 [J].数学学习与研究，2020(13)：160-161.

多主体共同参与和协商的活动，从不同的评价角度反馈学生的学习情况，帮助学生更加全面地认识自我[1]。

通过多元化评价主体的合作与配合，才能获得更加客观、更加公正的评价结果，才能有效地发挥教学评价的重要作用。

评价方式多元化。笔者在之前的访谈以及课堂观察中了解到，物理实验教学不缺乏评价活动，只是有时评价方式太过单一，不足以达到评价目的。在开展评价的过程中，教师应重视评价学生的实验技能，如学生能否正确使用课程标准要求的实验仪器和测量工具；他们能否正确记录和处理实验数据等。教师应该采用纸笔测验的形式结合学生做实验的过程对学生的实验技能进行评价。评价方式除了问答式评价、书面作业式评价以及试题检测式评价之外，可以进行家庭实验作业式评价，例如，评价学生的实验设计能力。除了在实验教学时，对学生的实验设计进行评价以外，教师还可以给学生布置家庭实验，让学生把学习融入生活，通过家庭实验反馈学生的实验设计能力的发展情况。

接下来，笔者选择人教版八年级《平面镜成像》一节中的实验"探究平面镜成像的特点"这个案例，制订评价任务、确定评价主体、选择评价方式。

教学目标：

（1）在实验探究之前，学生能够根据探究问题大胆猜想并设计实验计划。

（2）在实验探究过程中，能够正确地进行实验操作、规范地记录实验数据。

（3）通过实验探究，知道平面镜成像时像与物之间的关系，能归纳平面镜成像的特点。

（4）结合生活实际，能够举例说明平面镜成像在生活中的应用。

根据教学目标制定对应的评价任务，再确定评价主体、选择评价方式。

目标1：在实验探究之前，学生能够根据探究问题大胆猜想并设计实验计划。

评价任务1：教师抛出探究问题（平面镜成像时，对像与物的大小存在什么关系、像与物的位置存在什么关系、成像的虚实情况进行判断），根据

① 高园梅. 提升课堂教学中教—学—评一致性的策略研究 [D]. 重庆：西南大学，2020：18.

教师提出的问题进行大胆猜想与假设，并提出可行的实验计划。

评价主体：教师。

评价方式：抽查提问式。

学生大胆说出猜想与假设的内容，通过小组合作交流，提出可行的实验计划，教师针对学生的回答进行点评指导。

评价任务2：正确填写实验报告中关于"猜想与假设"部分、"实验计划"部分的内容。

评价主体：教师。

评价方式：书面作业式。

在学生填写的过程中，教师抽查学生的实验报告进行点评指导。

目标2：在实验探究过程中，能够正确地进行实验操作、规范地记录实验数据。

评价任务3：在探究过程中，小组成员之间指出组员的操作问题、记录数据时存在的问题并加以指正。

评价主体：学生。

评价方式：小组成员互评式。

评价任务4：在实验过程中，教师通过巡视观察学生的操作过程，对学生存在的问题进行点评指导。

评价主体：教师。

评价方式：指导点评式。

评价任务5：正确填写实验报告中关于"实验数据"部分的内容。

评价主体：教师。

评价方式：书面作业式。

课后，教师收集学生的实验报告进行检查。

目标3：通过实验探究，知道平面镜成像时像与物之间的关系，能归纳平面镜成像的特点。

评价任务6：回答问题：

(1)像与物的大小存在什么关系？

(2)像与物的位置存在什么关系？

(3)平面镜成的像是实像还是虚像？

评价主体：教师。

评价方式：抽查提问式。教师根据学生的回答进行评价反馈。

评价任务 7：通过小组合作交流，归纳总结平面镜成像的特点，小组成员把讨论结果进行归纳统一。

评价主体：教师。

评价方式：抽查提问式。教师抽查学生交流讨论的情况，请小组派代表发言，分享小组最终结果，教师对抽查到的小组结论进行评价反馈。

评价任务 8：正确填写实验报告中关于"实验结论"部分的内容。

评价主体：教师。

评价方式：书面作业式。课后，教师收集学生的实验报告进行检查。

目标 4：结合生活实际，能够举例说明平面镜成像在生活中的应用。

评价任务 9：举例说出生活中运用平面镜成像的例子。

评价主体：教师。

评价方式：抽查提问式。

在进行教学评价之后，教师应该对评价进行及时反馈，并且反馈应该具体明确。只有教学评价反馈及时且明确，学生才能根据反馈掌握自己的学习情况，才能及时调整自己的学习方向，从而达成教学目标。评价不只是学习后的一次测验，而是与教学一起进行的持续过程，评价的内容应当是对学生的全面评价[①]。

在进行教学评价设计时，除了应该依据教学目标设计对应的评价任务之外，还应该改变教学评价的单一性，针对不同的教学目标，采取多元化的评价体系。最后，评价反馈应该及时且清晰明确。这样才能让教学评价贴合教学目标，同时更好地服务于教学活动，提高物理实验教学的"教、学、评一致性"。

（三）教学活动的实施策略

教学活动是教学的核心成分，教学活动的设计是教学活动预期的模样，需要达到什么样的教学效果，教师则需要在前期对教学活动进行精细的设计，最终将教学设计落实到教学实践中。要想提高初中物理实验教学的"教、学、评一致性"，同样需要掌握教学活动策略。在教学设计中，重视教

① 陈显峰. 基于标准的高中物理教学设计研究 [D]. 苏州：苏州大学，2015：21.

学目标的核心地位、围绕教学目标设计相应的教学活动；在教学过程中，教学活动的开展应该遵从教学评价的调控，实现实验教学的教学评一致性。

1. 围绕教学目标设计教学活动

教学活动的设计应紧紧围绕教学目标展开，将教学活动和教学目标有机地结合起来是一个逐步完成目标的过程，通过目标导向解决教学活动的盲目性以及随意性。教学活动应该是以教学目标为指导的活动，教学活动的目的应该是实现教学目标。在进行教学设计时，不能有目标无对应教学活动或者设计的教学活动不足以完成教学目标。这样的教学活动既浪费课时，也会让教学目标不能及时完成。因此，教学活动的设计必须围绕教学目标展开，每一项活动的开展都是为了达到某个教学目标。这样才能使教学活动与教学目标达成一致，提高"教、学、评一致性"。接下来将对《声音的特性》一节中的演示实验"音叉实验"的内容进行教学活动设计的拟写。

教材分析：本实验是八年级《声现象》里面的实验。通过实验教学，学生能够认识声音是如何产生的。根据课程标准要求，这是一个教师演示实验。

学情分析：虽然学生初学物理，对物理的知识点不是很熟悉，但是对于声音的产生这一问题，学生在小学科学课已经有所涉及，对声音的产生条件多少有些了解。因此，通过实验教学，调动学生的学习积极性，锻炼学生观察和思考分析的能力。

教学目标与评价任务：

目标1：通过观察实验，学生能够说出观察到的实验现象。

评价任务1：通过观察演示实验，说出当敲击音叉，音叉发声时，靠近音叉的乒乓球发生了什么变化。

评价主体：教师。

评价方式：抽查提问式。教师对学生的回答进行点评指导。

目标2：通过教师引导，学生能够根据实验现象，分析得出声音产生的条件。

评价任务2：分析实验现象，归纳总结声音产生的条件。

评价主体：教师。

评价方式：抽查提问式。教师针对学生的回答，进行评价反馈。

教学活动设计："音叉实验"的教学活动设计如表1-4所示。

表1-4 "音叉实验"的教学活动设计

教学环节	教学过程		设计意图
	教的活动	学的活动	
教学环节1	教师对实验目的加以说明	学生听讲	围绕目标1，为完成目标1做准备。
教学环节2	教师进行演示实验的操作：将乒乓球用细线悬挂在铁架台上；敲击音叉，使音叉发出声音；将正在发声的音叉靠近悬挂着的乒乓球。	学生观察教师演示实验。	围绕目标1，为完成目标1开展教学活动。
教学环节3	教师提问：通过观察老师刚才做的实验，你们观察到了什么现象？针对学生的回答，进行点评。	学生说出观察到的实验现象。	围绕目标1开展教学活动，完成目标1。
教学环节4	教师提问：为什么发声的音叉靠近乒乓球，乒乓球被弹开了？（引导学生思考，实验现象说明什么？）	学生能根据教师引导，分析实验现象。学生：因为发声的音叉在振动，所以弹开了乒乓球。	围绕目标2，为完成目标2开展教学活动。
教学环节5	教师提问：声音是怎么产生的？（引导学生归纳总结）针对学生的回答，进行点评指导。	学生归纳总结声音产生的条件。	围绕目标2开展教学活动，完成目标2。

2.教学活动的开展遵从教学评价的调控

教、学、评一致的实现，最终是通过教师的课堂教学完成的，脱离课堂教学，即使教师的教学设计得再好，最终也不能达到教、学、评一致。因此，教师必须把教学设计落实到课堂实验教学中，在课堂教学中围绕目标开展实验教学，按照教学评价的"导航"路线进行实验教学。

在教学中，教学活动围绕教学目标开展，以达到教学目标为落脚点。因此，教学活动要遵从教学评价的调控，当评价发出信息，发现教学活动与教学目标脱轨时，应该根据评价反馈及时调整教学活动。评价发出的信息可以使师生知道自己教的情况和学的情况，教师根据评价反馈及时调整教学进度，而学生可以根据反馈信息调整学习进度，从而有效地达成教学目标。教师不能对评价反馈的结果熟视无睹，忽视评价的调控作用。因为这样会降低实验教学的有效性，无法达到教学目标。

教学活动依托评价，指向目标，得以充分的开展[①]。

三、基于"教、学、评一致性"的初中物理实验教学案例解析

基于上文提出的初中物理实验教学"教、学、评一致性"策略，通过对教学实践案例——《探究串、并联电路的电流规律》，从教学设计、教学实践两个方面进行分析，检验实验教学是否达到了教、学、评一致，检验笔者所提出的教学策略的效果。本次教学实践由教师进行，笔者作为观察者进行资料收集和课堂观察。

（一）基于"教、学、评一致性"的教学设计

物理实验教学，重视对学生的实验探究能力的培养，评价学生的学习效果则需要在过程中进行诊断了解，仅仅靠终结性评价难以达到评价效果。而常规教学设计的目的性和方向性不强，维金斯认为，逆向的教学设计策略是最有效地实现"教、学、评一致性"的策略。根据逆向教学设计原则，教学目标和教学评价设计之后，才进行教学活动设计。这样，才能使教学活动的设计不脱离教学目标，教学活动不缺乏教学评价的指导，依据评价反馈及时调整教学活动的安排，以达成教学目标为目的，促使教、学、评达成一致。基于此，A教师采用了逆向教学设计。

1. 教学目标设计

根据课程标准的要求，《探究串、并联电路的电流规律》属于学生分组实验，需要学生进行实验操作，经历实验探究的过程。课程标准对这两个实验的要求是：了解串、并联电路的电流特点。A教师依据前文叙述的教学目标分解策略，对课程标准进行细化分解后得到的教学目标如下：

（1）在进行实验探究前，学生能够根据探究问题大胆猜想、设计实验计划。

（2）在实验探究过程中，能规范进行实验操作、能正确记录实验数据。

（3）通过实验探究，知道串、并联电路的电流规律。

（4）通过实验，能体验科学探究的过程。

①吴晓亮. 课堂现场的"教—学—评一致性"——以"解决问题的策略——替换"一课的教学为例 [J]. 中小学管理，2013(01): 15-16.

2. 教学评价任务的设计

目标1：在进行实验探究前，学生能够根据探究问题大胆猜想、设计实验计划。

评价任务1：教师抛出探究问题之后，学生能够大胆说出猜想与假设的内容，提出可行的实验计划。

评价主体：教师。

评价方式：抽查提问式。

学生大胆说出猜想与假设的内容，通过小组合作交流，提出可行的实验计划，教师针对学生的回答进行点评指导。

评价任务2：正确填写实验报告中关于"猜想与假设"部分、"实验步骤"部分的内容。

评价主体：教师。

评价方式：书面作业式。

在学生填写的过程中，教师抽查学生的实验报告，并进行点评指导。

目标2：在实验探究过程中，能规范进行实验操作、能正确记录实验数据。

评价任务3：在探究过程中，小组成员之间指出组员操作问题、记录数据时存在的问题并加以指正。

评价主体：学生。

评价方式：小组成员互评式。

评价任务4：在实验过程中，教师通过巡视观察学生操作过程，对学生存在的问题进行点评指导。

评价主体：教师。

评价方式：指导点评式。

评价任务5：正确填写实验报告中关于"实验数据"部分的内容。

评价主体：教师。

评价方式：书面作业式。

课后，教师收集学生的实验报告进行检查。

目标3：通过实验探究，知道串、并联电路的电流规律。

评价任务6：通过小组合作交流，归纳总结串、并联电路的电流规律，小组成员把讨论结果进行归纳统一。

评价主体：教师。

评价方式：抽查提问式。

教师抽查学生交流讨论的情况，请小组派代表发言，并分享小组的最终结果，教师对抽查到的小组结论进行评价反馈。

评价任务7：正确填写实验报告中关于"实验结论"部分的内容。

评价主体：教师。

评价方式：书面作业式。

课后，教师收集学生的实验报告进行检查。

目标4：通过实验，能体验科学探究的过程。

评价任务8：进行自我反思，总结自己在实验探究过程中学到了什么。

评价主体：学生自己。

评价方式：自我反思总结。

3. 教学活动的设计

教材分析：本节是在学生初步学习了电路和电流的相关知识，并且知道了串联电路和并联电路的特点以及会正确使用电流表的基础上，通过教师提出探究问题，学生大胆猜想、设计方案、收集数据、对数据进行分析整理、交流探究的过程。通过本节课的学习，学生能够根据提出的探究问题，进行实验设计和实验探究，初步领会科学实验的方法，最终掌握串、并联电路的电流规律。

学情分析：学生在学习本节内容之前，已经对电路和电流有了初步的认识和了解。通过前面的学习，学生已经会使用电流表，并且知道了串、并联电路的特点，所以学生已经拥有了一部分学习经验，对本节课的实验探究学习有促进作用。

教学重点：通过实验探究，得出串、并联电路的电流规律。

教学难点：设计探究串、并联电路电流规律的实验方案。

实验器材：每组实验桌上有两种规格的小灯泡各2个、开关1个、干电池4节、导线若干、学生电流表1个。

教学活动设计：《探究串、并联电路的电流规律》的教学活动设计如表1-5所示。

表 1-5 《探究串、并联电路的电流规律》的教学活动设计

教学环节	教学过程		设计意图
	教的活动	学的活动	
教学环节 1	教师：向学生展示本节课的学习目标。 教师：复习引入，回顾上节课所讲的串、并联电路的特点。	学生回顾旧知识。	通过展示学习目标，让学生清晰地知道本节课的学习目标，才能有节奏、有目标地进行学习。 复习巩固旧知识，为学习新知识奠定基础。
教学环节 2	教师：引入新课，呈现一个简单的串联电路图。 教师:(提出问题)这是一个简单的串联电路，同学们思考一下，在串联电路中，各点的电流之间有什么关系？A、B、C 三点的电流大小存在什么关系？	学生听讲并思考。	教师提出探究问题，围绕教学目标 1，为完成教学目标 1 做准备。
教学环节 3	教师：引导学生大胆猜想与假设，并让学生把猜想结果填入实验报告 1 相应的位置。 教师：提问学生，让学生大胆说出自己的猜想，并做指导点评。	学生：把自己的猜想与假设填入实验报告 1 相应的位置。 学生：回答教师的提问，分享自己的猜想结果。	围绕教学目标 1，完成教学目标 1，对应实施评价任务 1 和 2。 围绕教学目标 4 开展教学活动。
	教师：虽然大家说出了很多猜想，但是综合下来可概括为两种情况：一种是串联电路各点的电流相等；另一种是串联电路各点的电流不相等。那么，为了验证你们的猜想，就只有通过实验了。接下来，请各小组针对你们的猜想与假设，进行实验设计，待会儿老师会请小组代表来分享小组的实验计划。	学生：小组讨论，进行实验计划设计。	

续表

教学环节	教学过程		设计意图
	教的活动	学的活动	
教学环节3	教师：提问学生，让学生分享实验计划，并做指导点评。	学生：分享各自小组讨论设计的实验计划。	
	教师：让学生完善实验报告1的"实验步骤"部分的内容。	学生：填写实验报告中"实验步骤"部分的内容。	
教学环节4	教师：接下来请同学们按照刚才老师的点评完善各自小组的实验计划，并根据实验计划进行实验操作。在实验过程中，如实记录实验数据，完善实验报告1中"实验数据"部分的内容。	学生：完善实验计划，小组合作探究、进行实验操作、记录数据；在探究过程中，相互监督、相互帮助，进行组间互评互助。	围绕教学目标2，完成教学目标2，对应实施评价任务3、4、5。围绕教学目标4开展教学活动。
	教师：巡视并指导学生操作，对学生实验操作的规范性进行指导和评价。	学生：根据教师的指导评价，规范实验操作。	
教学环节5	教师：对在巡视中发现的学生典型的操作不规范的问题，集中统一进行点评指导。	学生：反思自己不规范的操作过程。	通过评价反馈，及时调整教学进度。
教学环节6	教师：引导学生进行分析和论证。由实验得到的数据说明了什么？得出了什么结论？	学生：小组合作交流对实验数据进行分析，归纳总结串联电路的电流规律。	围绕教学目标3，完成教学目标3，对应实施评价任务6、7。围绕教学目标4开展教学活动。
	教师：抽查提问了解学生讨论情况，并进行评价反馈。	学生：小组成员根据讨论结果进行回答。	
	教师：归纳总结串联电路的电流规律，让学生填写实验报告的内容。	学生：结合教师的评价反馈和总结，把实验结论填入实验报告1。	
教学环节7	教师：刚刚大家已经通过实验探究发现了串联电路的电流规律，那同学们想一下，并联电路的电流又	学生：带着问题思考。	教师提出探究问题，围绕教学目标1，为完成教学目标1做准备。

续表

教学环节	教学过程		设计意图
	教的活动	学的活动	
教学环节7	有什么特点呢? 教师向学生呈现一个简单的并联电路图。 教师:(提出问题) 这是一个简单的并联电路,同学们思考一下,这时 A、B、C 三点的电流大小存在什么关系?		
教学环节8	教师:引导学生大胆猜想与假设,并让学生把猜想结果填入实验报告2相应的位置。	学生:把自己的猜想与假设填入实验报告2相应的位置。	围绕教学目标1,完成教学目标1,对应实施评价任务1和2。 围绕教学目标4开展教学活动。
	教师:提问学生,让学生大胆说出自己的猜想,并做指导点评。	学生:回答教师的提问,分享自己的猜想结果。	
	教师:大家的猜想情况有:干路电流等于各支路电流之和;干路电流等于各支路电流;干路电流大于各支路电流等。为了验证猜想,需要通过实验探究来检验,接下来请各小组针对自己的猜想与假设,进行实验计划的设计,待会儿老师也会请小组代表来分享小组的实验计划。	学生:小组讨论,进行实验计划的设计。	
	教师:提问学生,让学生分享实验计划,并做指导点评。	学生:分享各自小组讨论设计的实验计划。	
	教师:让学生完善实验报告2的"实验步骤"部分的内容。	学生:填写实验报告2"实验步骤"部分的内容。	
教学环节9	教师:接下来请同学们按照刚才老师的点评完善各自小组的实验计划,并根据	学生:完善实验计划,小组合作探究,进行实验操作、数据记录;在	围绕教学目标2,完成教学目标2,对应实施评价任务3、4、5。

续表

教学环节	教学过程		设计意图
	教的活动	学的活动	
教学环节9	实验计划进行实验操作，在实验过程中，如实记录实验数据，完善实验报告2中"实验数据"部分的内容。	探究过程中，相互监督、相互帮助，进行组间互评互助。	围绕教学目标4开展教学活动。
	教师：巡视并指导学生操作，对学生实验操作的规范性进行评价。	学生：根据教师的指导评价，规范实验操作。	
教学环节10	教师：引导学生进行分析和论证。由实验得到的数据说明了什么？得出了什么结论？	学生：小组合作交流，对实验数据进行分析，归纳总结并联电路的电流规律。	围绕教学目标3，完成教学目标3，对应实施评价任务6、7，围绕教学目标4开展教学活动。
教学环节11	教师：抽查提问了解学生讨论情况，并进行评价反馈。	学生：小组成员根据讨论结果进行回答。	
	教师：归纳总结并联电路的电流规律，让学生填写实验报告2中"实验结论"部分的内容。	学生：结合教师的评价反馈和总结，把实验结论填入实验报告2	
教学环节12	师生共同回顾，进行课堂小结。教师：(对本次课进行总结)串联电路的电流规律：电流处处相等。并联电路的电流规律：干路电流等于各支路电流之和。	学生：对本次实验课的探究结论进行复习巩固。	加深学生对"串、并联电路电流规律"的记忆。围绕教学目标4，对应实施评价任务8，完成教学目标4。
	教师：引导学生自我反思，在实验探究过程中学到了什么。	学生：进行自我反思。	
教学环节13	作业布置。	记录作业。	落实课后书面作业式评价。

(二)基于"教、学、评一致性"的教学设计分析

A教师对教学案例采取了"逆向教学设计"原则设计教学流程，设计的教学目标清晰、具体、可操作，为教学评价、教学活动指明了方向。针对每

个教学目标设计了对应的评价任务，评价任务落实到了教学活动中，教学活动围绕教学目标进行设计，以完成教学目标为教学落脚点。教师的教学活动、学生的学习活动、教学评价都是围绕教学目标进行设计的，实现了物理实验教学的教学目标、教学活动、教学评价的一致性。

（三）基于"教、学、评一致性"的教学实践分析

根据"课堂观察"流程进行实践课的课堂观察，即"课前会议—课中观察—课后会议"。课前授课教师根据自己准备好的教学设计进行说课，听课教师根据授课教师说课情况确定观察点、设计观察量表；课中授课教师授课，听课教师根据观察量表记录所需的内容；课后听课教师对授课教师的授课进行反馈。笔者参与了这次案例实践课的课堂观察，与观察教师们共同设计了课堂观察量表，进入授课教师课堂，进行课堂观察并做相应的课堂记录，后期对课堂记录加以整理分析。笔者通过课堂观察，结合课堂记录，对本次课的课堂观察量表进行了分析整理，分析了这次实践课的实践效果，如表1-6所示。

表1-6 物理实验教学观察量表《探究串、并联电路的电流规律》

授课教师：A教师　授课时间：2020.11.4　授课班级：九（2）班						
教学目标	评价任务	教的活动	学的活动	评价方式	目标与评价任务匹配度	教学活动与目标达成度	教、学、评一致性分析
在进行实验探究前，学生能够根据探究问题大胆猜想、设计实验计划。	1. 教师抛出探究问题之后，学生能够大胆说出猜想与假设的内容，提出可行的实验计划。2. 正确填写实验报告中关于"猜想与假设"部分、"实验步骤"部分的内容。	1. 引导学生猜想与假设，并通过提问掌握学生猜想与假设情况，并进行点评。2. 组织学生合作交流并进行实验计划的设计，通过提问，掌握学生设计计划的情况并做指导反馈。3. 引导学生进行实验报告的填写。	1. 根据教师引导，进行猜想与假设，并分享猜想与假设的内容。2. 小组合作交流，设计实验方案，并进行分享。3. 填写实验报告。	抽查提问式、书面作业式	A	高	1

续表

授课教师：A 教师 授课时间：2020.11.4 授课班级：九（2）班							
教学目标	评价任务	教的活动	学的活动	评价方式	目标与评价任务匹配度	教学活动与目标达成度	教、学、评一致性分析
在实验探究过程中，能规范进行实验操作、能正确记录实验数据。	1. 在探究过程中，开展组员互评，小组成员之间指出组员操作问题与记录数据时存在的问题，并加以指正。2. 在实验过程中，教师通过巡视观察学生操作过程，对学生存在的问题进行点评指导。3. 正确填写实验报告中关于"实验数据"部分的内容。	1. 在实验探究过程中，进行过程性指导。2. 引导学生进行实验报告的填写。	1. 进行实验操作。2. 填写实验报告。	小组成员互评式、指导点评式、书面作业式	A	高	1
通过实验探究，知道串、并联电路的电流规律。	1. 通过小组合作交流，归纳总结串、并联电路的电流规律，小组成员把讨论结果进行归纳统一。2. 正确填写实验报告中关于"实验结论"部分的内容。	1. 引导学生对数据进行分析和论证。2. 引导学生进行实验报告的填写。	1. 分析数据，得出实验结论。2. 填写实验报告。	抽查提问式、书面作业式	A	高	1

授课教师：A 教师　授课时间：2020.11.4　授课班级：九（2）班

教学目标	评价任务	教的活动	学的活动	评价方式	目标与评价任务匹配度	教学活动与目标达成度	教、学、评一致性分析
通过实验，能体验科学探究的过程。	进行自我反思，反思在实验探究过程中学到了什么。	1.引导、指导学生参与实验探究体验。2.引导学生进行自我反思。	1.体验实验探究过程。2.进行自我反思。	自评式	A	高	1

备注：

（1）教学目标与评价任务从授课教师教学设计中获取。

（2）教的活动和学的活动结合授课教师教学设计和课堂观察进行获取。

（3）评价方式：结合课堂观察和教师教学设计进行填写。

（4）目标与评价任务匹配度：高度匹配为 A；一般匹配为 B；不匹配为 C。

（5）教学活动与目标达成度：高—80% 以上；中—60% ~ 80%；低—60% 以下。

（6）教、学、评一致性分析：一致记为 1，不一致记为 0。

在课堂观察结束之后，笔者通过对参与课堂观察的其他教师进行访谈，并把各位教师对本次实践课的课堂观察情况进行归纳总结。

B 教师：这堂实践课，教学目标清晰，教学中有评价调控，教学活动围绕教学目标展开，充分体现了学生的主体性。整体上，学生的积极性很高，教学效果总体上较好。但是有一点不足，学生在进行探究"串联电路的电流规律"实验操作时，刚开始教师对课堂把控得稍有瑕疵，出现了有些学生没有参与感的情况，好在后来有所改善。

C 教师：每一个教学目标都完成了，整个教学活动都是围绕教学目标进行的，教学活动开展得有条不紊，不随意。学生的学习情况得到教师的及时评价和反馈，教学评价有针对性，评价方式不单一。

教学实践效果分析：综合观察者的课堂观察结果分析，A 教师的这堂实践课有清晰的教学目标作为指导，教学活动围绕教学目标展开，落实评价任务，过程性评价贯穿整个教学活动，评价反馈及时且具体。通过笔者对观察量表的分析，本次教学实践的教学目标与教学评价达成一致，教学活动与教学目标达成一致，与最终的教学评价也达成一致。

通过实践案例分析，采用笔者提出的策略进行案例设计与实践教学，可以有效提高初中物理实验教学的"教、学、评一致性"，以此可以提高初中物理实验教学的有效性。

第二章 基于核心素养的初中物理创新实验教学

第一节 物理核心素养的阐释

一、核心素养的提出与发展

自 20 世纪 90 年代以来，基于对学生的终身发展、教学观念的转变与社会发展进步的需求等方面的综合考量，国内外对于核心素养的研究已逐步引起了众多一线教师和教育工作者的重视。

关于核心素养的研究文献可追溯到 1972 年联合国教科文组织发布的题为《学会生存——教育世界的今天和明天》的报告。该报告中提到"今后的教育要转变教育主体，要推动教学过程中学生的主动发展，要将人的发展目标向人的完整实现转变，要面向学生的全面发展"。

1996 年，联合国教科文组织在国际 21 世纪教育委员会的报告《学习——财富蕴藏其中》一文中，就核心素养培养观念提出了"学会求知、学会做事、学会共处、学会生存"[①] 四大学会支柱，这与 2003 年其提出的"学会改变"的观点一同构成了公民应该具备的五大核心素养。

2000 年，欧盟的八项核心素养提出"一个人要在知识社会中实现自我、融入社会，以及具备就业时所需的能力（包括知识、技能与态度）"，这与我国后来的三维教学目标"知识与技能、过程与方法、情感态度与价值观"有较高的相似之处。

2003 年，经合组织（OECD）在"素养的界定与遴选"的项目研究成果报告中，将"能互动地使用工具、能在异质社会团体中互动及能自主地行动"列为促进成功生活与健全社会的三项核心素养。

其后，各个国家和组织均认识到核心素养对人的发展有着至关重要的作用，并进行了深入研究。我国于 2013 年启动"基础教育和高等教育阶段

---

① 郝云峰，马雪莲. 解读 21 世纪教育的"四大支柱"[J]. 成人教育，2010，30(10)：36-37.

学生核心素养总体框架研究"项目，正式开始了有关核心素养的理论和实践研究。

我们从知网中"核心素养"关键词的检索中可以看到，我国学术界关于核心素养的研究正逐年增长：2013（20篇）、2014（16篇）、2015（441篇）、2016（4161篇）、2017（14800篇）、2018（28900篇）、2019（45500篇）、2020（45500篇）。

2016年9月公布的《中国学生发展核心素养（意见）》中罗列了6大综合素养与细分的18项素养，从此开启了我国学生发展核心素养研究的新篇章。

二、物理核心素养的内涵

1. "物理核心素养"。物理核心素养的研究是面向学生未来发展的核心素养。物理核心素养是学生在接受物理教育过程中逐步形成的适应个人终身发展和社会发展需要的必备品格和关键能力。学生通过物理学习内化的带有物理学科特性的品质，也是学生科学素养的关键成分。

2. 物理核心素养——"物理观念"。物理观念体现了学生能够以物理学视角为基础，对物质、运动和相互作用以及能量等板块有基本认知。这与之前的"基础知识"和"知识与技能"是存在差异的，因为它不仅包含了学生要对基本物理概念和物理规律有一定认知，还要能够对其进行提炼和升华，内化为解释自然现象和解决实际问题的知识基础。

3. 物理核心素养——"科学思维"。在《义务教育物理课程标准》中关于科学思维的界定是，"科学思维是从物理学视角对客观事物的本质属性、内在规律及相互关系的认识方式；是基于经验事实建构理想模型的抽象概括过程；是分析综合、推理论证等方法在科学领域的具体运用；是基于事实证据和科学推理对不同观点和结论提出疑问、批判、检验和修正，进而提出创造性见解的能力与品格。科学思维主要包括模型建构、科学推理、科学论证、质疑创新等要素"。从如上的界定中不难发现，科学思维是学生在物理观念的基础之上，对已知和掌握的科学进行相互关联，并进行重新概括和建构，以科学知识与经验为媒介，以推理或论证的方式对多重信息进行加工，以上过程其实就是大脑对科学信息加工的一种活动。

4. 物理核心素养——"科学探究"。科学探究在核心素养中起到了至关重要的作用，它不仅是学生需要在日常学习中掌握的一种能力，更是要通过提出问题、解决问题、实验探究、论证分析等环节充分融合科学知识，构建正确的物理观念，在实践过程中逐步发展和完善科学思维，像科学家一样去探究，以提高科学态度和责任感。科学探究将其余三个方面的内容有机地整合起来，使其相互交融，故而体现了物理核心素养在立德树人方面的高效育人手段。

5. 物理核心素养——"科学态度与责任"。在《义务教育物理课程标准》中是以"认识科学本质，在理解科学、技术、社会、环境关系的基础上，逐渐形成应有的科学态度和社会责任感"对其进行界定的。要将"科学态度与责任"明确到科学本质、科学态度、科学责任的板块上，不能笼统地说成在什么领域和哪些范围中涉及科学本质，而应该从科学的基本属性和特点进行阐述。科学态度与社会责任这两个要素，指向的是在教学中应注意学生对科学基本的态度和物理学在社会进步过程中的作用。

第二节　物理创新实验与物理实验素养

一、物理创新实验的界定

物理实验是基于"实验"大范围下的具有学科特点的内容，是指在物理教学过程中，为探究某些未知物理规律和物理原理，以及验证某些物理结论时，借助仪器开展的有目的、有计划、有组织的研究过程，并获得预期结果的科学探究活动。

"创新"一词既包括新事物的产生与发现，又包括新事物的发展过程和发展结果（新的发现、新的发明、新的思维、新的理念、新的学说、新的技术、新的策略、新的方法、新的行为等）。

物理创新实验延续了物理实验的特点，但创新的意义与传统意义中的"创新"有所不同。物理创新实验注重师生在创新实验过程中蕴含的教育功能和研究价值。物理创新实验既包括教材实验设计和功能的改进、教具的改造和设计，也包括在实际教学过程中，根据教学活动教师设计和学生制作不同教具和学具，以此为学生的创新能力和创新素质的发展做好铺垫。

二、物理实验素养的界定

物理知识、物理概念的认识以及物理规律的产生与研究都离不开实验。因此，在物理的教学过程中，应当合理地设计实验教学，以生动、直观、形象的实验操作，充分调动学生的学习积极性，同时通过观察现象、分析数据、归纳总结、概括规律和应用提升等设计，能够从不同角度对学生的核心素养进行落地培养[①]。

在前文文献综述中，已经对实验与创新实验内容做了详细阐述，目的是更好地评定学生的实验能力的变化，将学生的实验能力测评量化为实验素养，从实验素养的不同测评项对学生的创新实验能力进行评定。而实验素养的界定在目前的理论研究和教学实践中，大家都是以一些基本的实验操作能力和思维分析方式进行评定的，评价内容和评价方式暂未有较系统的规范，故研究之初，结合 PISA 国际测试中阅读素养、数学素养和科学素养三个基础素养的评价项目基础[②]，联系物理核心素养的四个方面，对物理实验素养做如下界定：物理实验素养指学生能在涉及物理的实验情境中识别物理问题，运用科学探究的手段设计并进行实验，运用科学证据对实验结论进行针对性说明，能够结合科学知识以及对科学本身的认识解释实验现象，阐释数据和证据，并以严谨客观的科学态度评价科学探究活动，同时对科学探究保持一定的兴趣。

在基础定义之上，从问题分析素养、实验迁移素养、实验态度素养、实验探究素养四个方面对实验素养进行细分，如表 2-1、2-2 所示。

表 2-1 物理学科能力表现框架[③]

学科能力	一级指标	二级指标
学习理解	A1 观察记忆	观察与信息提取（A1-1）：能观察物理现象，并从中提取有效信息，记住与核心概念相关的物理现象和物理过程。信息与知识对应（A1-2）：能将通过观察获得的信息与已有知识建立联系。

① 陈苏.初中物理中培养学生科学探究素养的策略研究 [D].武汉：华中师范大学，2019：16.
② 闵辉.PISA 科学素养测试的新变化及教学启示 [J].教育参考，2019(01)：22-30+55.
③ 郭玉英，张玉峰，姚建欣.物理学科能力及其表现研究 [J].教育学报，2016，12（04）：57-63.

续表

学科能力	一级指标	二级指标
学习理解	A2 概括论证	抽象概括（A2-1）：能从事实经验中提取事物或过程的共同本质特征，形成物理概念和物理规律。 指向知识获得的推理（A2-2）：能在已有知识的基础上进行逻辑推理，获取新知识。
	A3 关联整合	知识关系建构（A3-1）：能在理解知识内涵与外延的基础上，建立知识间的关联。 核心概念整合（A3-2）：能说明知识与核心概念之间的关系以及知识在核心概念体系中的地位，并围绕核心概念建立概念体系。
应用实践	B1 分析解释	分析物理问题（B1-1）：能调用相应的概念规律，对物理情境问题进行描述与分析。 解释物理现象（B1-2）：能基于对情境问题的分析，对物理现象做出合理解释。
	B2 推论预测	基于推理进行推论（B2-1）：能基于对物理问题的描述与分析，依据已有知识，进行合理推理，并得出结论。 基于推理结果预测（B2-2）：能基于推论，结合具体物理问题情境，对事物或过程的发展做出合理的猜想与假设。
	B3 综合应用	多过程的情境问题解决（B3-1）：能分析多过程的物理情境问题，基于多步推理解决情境问题。 多知识的提取与综合使用（B3-2）：能综合运用多个知识解决较复杂的物理情境问题。
迁移创新	C1 直觉联想	远距离联想（C1-1）：能将陌生情境问题与所学知识进行关联。 估算判断（C1-2）：能基于所学知识对陌生情境问题做出合理估算。
	C2 迁移与质疑	新情境下的应用（C2-1）：能将已学知识和方法迁移应用至新情境，以分析解决相关问题。 基于批判性思考的评价（C2-2）：能在质疑的基础上形成批判性评价或者发现科学问题。
	C3 建构新模型	创意设计（C3-1）：能形成一定程度上具有可操作性的、有创意的、较详尽的设计，包括对实验或部件功能的改进以及发明创造等。 针对新情境建构模型（C3-2）：能在陌生物理情境问题中，主动合理地建构模型，有效解决问题。

表2-2　实验素养界定与物理学科能力要求及物理核心素养对照表

实验素养	实验素养内容界定	物理学科能力要求	物理核心素养对比
问题分析素养	通过既定的科学研究内容，利用文字、图像等获取信息，识别可以探究的物理问题和科学问题。	A1-1/A1-2 A2-1/B1-1	物理观念 科学思维
实验迁移素养	能够回忆和使用适当的实验探究中的知识与模型，解释与之相关的内容，并提供相应的证明材料。同时，能解释实验对于物理发展和科学发展的潜在作用。	A2-2/B1-2 C1-1/C2-1	科学思维
实验态度素养	以严谨、科学的态度完成实验探究，并对其中蕴含的物理知识和科学知识抱有极高的探究兴趣。	C2-2	科学思维 科学态度与责任
	提出问题：能从需要探究的问题中分析相关事实或结论，提出并准确表达可探究的物理问题。	A1-1	科学思维 科学态度与责任
	猜想与假设：依据问题做出初步猜想，联系已有信息，给出科学的猜想与假设。	A3-1/A3-2	科学思维
	设计和制订实验方案：明确实验目的，考虑实验中涉及的变量，选择科学的探究方法，能够分析、论证、获得最佳实验方案。	B3-2/C3-1	科学探究
	动手实践：能熟练掌握实验器材的使用原理，并结合科学探究的需要，选择合适的实验方法，完成实验操作。	C3-1	科学探究
	信息处理能力：能通过文献调研和网络查找等方式验证信息的可靠性，并对收集到的所有信息进行总结、描述和分析。	C2-1/C2-2	科学思维
	逻辑推理：运用逻辑关系对实验现象和实验结论进行推理，并针对研究问题从物理角度进行总结和解释。	B2-1/B2-2	科学思维
	评价、论证与反思：评估科学探究过程中的各个环节，同时能为他人提供质疑的机会。吸取经验教训，关注探究过程中出现的新问题，尝试改进实验方案与撰写实验报告。	B2-1/B3-1	科学思维

第三节　初中物理创新实验教学的策略

一、优化初中物理创新实验项目

为了最大程度地发挥实验在物理教学中的作用，在研究初期，笔者将成都市使用的初中物理教材（教育科学出版社）中所有的物理实验项目进行了整理，在此基础上根据学生各阶段的知识层次，增设提高自主动手能力、增强创新意识和加强学科融合性的实验项目，并针对实际教学中实验项目的不同目的和不同要求，将所有项目分为随堂实验（基本训练性实验、测量型实验、探究性实验、创新设计性实验）、趣味实验和拓展实验。

（一）随堂实验

随堂实验是指在课堂上由师生共同完成的实验，这些实验可以是教师的演示实验，也可以是学生的分组实验或基于某些推断的模拟实验，以上实验完成的时间在课堂上。在对随堂实验进行分类的基础之上，参照不同的实验分类标准，又细分为基本训练性实验、测量型实验、探究性实验和创新设计性实验。

1. 基本训练性实验

基本训练性实验的分类标准是能够训练学生对初中物理基本实验器材的操作和使用技能。例如，关于刻度尺、秒表、温度计、托盘天平、量筒、弹簧测力计、电表等仪器的使用。

2. 测量型实验

测量型实验建立在基本训练性实验的基础之上，利用实验器材，对所需物理量进行测量，依据其测量数据和研究数据之间的关系，分为直接测量型实验与间接测量型实验。例如，基本长度、时间、质量、电流和电压等的测量就是直接测量型实验；平均速度、物体密度、滑轮组的机械效率等的测量就是间接测量型实验。

3. 探究性实验

探究性实验是指应用科学探究方法完成的实验。

4.创新设计性实验

创新设计性实验是针对学生在已经熟练掌握基本实验方法和操作技能以后的自主设计性实验，对学生的实验能力有较高的要求。这类实验一般在对学生进行系统实验复习阶段会有所涉及。

（二）趣味实验

趣味实验以教材中发展空间中的实验项目为基础进行分类，意在让学生通过课后空余时间，能够以动手实践的方式，完成对所学知识的巩固，起到一举两得的作用。

（三）拓展实验

拓展实验是依据物理学史和教材对某部分物理知识的表述，让学生自主完成实验项目。这些拓展实验往往要将多种实验方法进行整理和分析，能够最大限度地调动学生的学习积极性，加强其动手能力，同时能对学生掌握的学科知识进行融合，更有利于物理核心素养的培养。

二、优化初中物理创新实验教学方式

（一）随堂实验项目教学研究

根据前文中对物理实验项目的基本分类，再根据不同类别实验的特征及教学开展的实际情况，对随堂实验项目做基本的教学建议如下：

1.测量型实验

测量型实验通常出现在一些新的物理量出现的时候，学生要对其基本大小有所了解。直接测量型实验即是对实验器材使用的初步学习，那么教师在教学时应当注意讲清楚器材的使用方法（含使用步骤），包括其量程、分度值等，以及要注意讲解读数方法，在学生知识能力范围内对某些器材的基本原理进行讲解，如天平的制作原理等。间接测量型实验则是教师首先要讲清楚间接测量的物理量之间的数学关系。例如，在进行平均速度测量时，教师要讲清楚长度和时间测量与平均速度的关系；在进行密度测量时，教师要讲清楚质量和体积测量与密度之间的关系。同时，教师要引导学生从多角度发现不同的间接测量方式，以及针对测量结果可能产生的误差进行分析。

2. 探究性实验

探究性实验是实验教学中最为重要的一部分，也是实验操作考试和中考中出现频率最高的实验项目。在针对探究性实验进行教学时，教师首先要保证实验教学七个环节的完整性，要有意识地引导学生在学习的过程中识别和模仿科学探究的步骤并完成探究。在进行探究性实验教学时，教师可以依据探究的目的，在教学时进行针对性分类，如果是对某个物理量在建立基本物理观念时的探究实验或者是实验操作简单、器材易得，那么可以设计成学生分组实验，让学生能够通过实际操作感知物理量的基本定义。例如，研究压力的作用效果和什么因素有关、研究不同物质的吸热能力、杠杆的平衡条件、探究电流大小与电压电阻关系等实验时，教师可以多考虑设计分组实验。如果是通过实验探究来总结规律，且操作较为复杂或是操作中存在一定的危险性，那么教师可以设计演示实验，如研究水沸腾的特点等实验，可以多考虑让教师来进行演示实验。

3. 创新设计性实验

创新设计性实验是在学生完成随堂实验和了解基础物理知识的基础之上而设计的，因为许多物理实验除了教材中的实验方法，还可以从不同角度选用不同的实验方法以及实验器材进行，具有很大的开放性和学科融合性，这类实验也是近年来中考考查的新亮点。在教学时，教师可以考虑让学生多用已经学过的基础知识自行设计实验方案，再通过实验方案的可行性、数据的可靠性对其设计的实验方案进行评估。教师在选择这类实验项目时应当注意，要贴近学生学习生活的实际，不要脱离教材和教材知识，最好以他们在生活中遇到的物理现象作为项目设计的基础。

(二) 趣味实验与拓展实验项目教学

趣味实验项目是为了激发学生学习物理的兴趣而设计的内容，这部分内容通常在教材中会以插画的形式出现，如感受瓶子与手之间的摩擦力（八下 P20）、小小热机（九上 P20）等内容。因此，趣味实验项目的设计就从教材出发，提炼出适合的内容。

拓展实验可以助力学生对物理实现从认识到理解的转换，它也是物理实验的重要组成部分。这部分内容在教材中的发展空间中的家庭实验室中有所涉及，如自制密度计（八下 P70）、设计一个升降装置（八下 P81）、做一个简单的电热器（九上 P97）等，这些项目能够有效地延伸学生的实验技能、帮助他们养成良好的科学态度和学习习惯，是课堂教学的一个延伸，也是创新创造的启蒙和基础保障。因此，教师在选择和设计这部分内容时应注意实验和教学内容的有机结合，尽量在每一个实验项目中要至少包含一个物理知识和实验技能，特别是在九年级的教学中，最好能够回顾和联系力学、光学的相关知识，注重知识的连续性和学科知识的融合。

虽然拓展实验是学生利用课后时间完成的，但是也要注意基本物理操作技能的要求以及保证他们能够以严谨的科学态度对待实验教师最好要求学生记录实验现象，并对实验结果进行归纳分析，完成实验报告单或总结单，以便交流分享。

三、优化初中物理创新实验教学平台

（一）"虚拟仿真实验室"走进初中物理教学课堂

物理学是一门以实验为基础的自然科学。初中阶段的教学实验能发挥巨大作用，但许多实验在真实的教学环境中无法完成。相比之下，虚拟仿真实验能够很好地解决这个问题。学生能够自主进行仿真实验操作，对实验现象进行详细观测，同时还能对实验设计方案进行检测，减少和避免由于设计失误出现的实验仪器损耗[1]。

基于我校教研组正在研究的区级课题项目，得益于与西南大学物理科学与技术学院国家级虚拟仿真中心的合作，我们正在积极尝试，将虚拟仿真实验引入中学课堂。在现阶段的研究中，我们选取了多个项目的仿真实验（见表2-3），并且初步让学生尝试操作，成效显著。在接下来的研究中，我们还计划开发更多的实验项目，同时引导学生利用周末时间自己在家学习和操作。

---

① 濮晨香.基于互联网＋背景研究初中物理实验教学改革[J].考试周刊，2018(68)：156.

表2-3　虚拟仿真实验项目表

实验类型	实验项目	实验类型	实验项目
基础实验	热学基本物理量及常用仪器介绍	光学实验	测定玻璃折射率实验
	误差分析与数据处理		单透镜物理实验
	传感器的简单应用		用游标卡尺观察光的衍射现象
力学实验	利用单摆测重力加速度		组合透镜实验
	练习使用打点计时器	电学实验	几种常用电学仪器的使用
	平抛物体运动实验		用多用表探索黑箱内的电学元件
	研究匀变速直线运动		测定电源的电动势和内阻
	验证动量守恒定律		测定金属的电阻率
	验证机械能守恒定律		电场中等势面的描绘实验
	研究玩具电机的能量转化		电流表改装电压表
	验证力的平行四边形法则	其他实验	油膜法测分子直径
电磁学实验	研究电磁感应现象		

（二）探索现代教育技术在初中物理教学中的新应用

结合虚拟仿真实验的应用，已经极大程度地提高了初中物理实验教学的效果。如果能有更加广泛、普遍的手段辅助学生学习，这对学生的动手实践能力又是一个巨大的提升。从现阶段智能手机的普及来说，初二、初三的学生对智能手机的使用已十分熟练，如何引导他们戒除"手机瘾"，将手机"耍到正途"上呢？市面上已经出现了一批能够辅助实验教学的手机软件，如Nobook、SensorTools、物理实验课、电路图等手机App。这些App免费提供给用户，学生可以通过在手机端操作，加深对物理知识的理解，提升他们对物理的学习兴趣。下面，就几个App的教学功能进行简单介绍。

在家也能学的"物理实验课"："物理实验课"App是一款学习教育应用软件是基于中小学物理实验打造的学习辅助软件。在物理实验课App中可以随意设计电路，在线编辑电路图等。它是一款无须器材就能进行高精度中小学物理实验的开放应用。从小学科学课上的趣味电路实验，到初高中阶段的经典实验和演示实验。同时，能从实物连接自动转换至可编辑的电路图，并由专业引擎精准计算模拟结果。

NB物理实验室：这款软件涵盖了初中物理教学中绝大部分的实验，包括力、热、电、光以及力与运动等各方面，并且它较其他软件的优势在于它加入了粒子物理、家庭电路和近代物理三个方面的实验，既能帮助学生巩固基础实验知识，也能帮助学生感受和尝试与科技相关的其他方面的物理实验体验。

电路学习神器——"电路图"："电路图"这款App是针对电路设计内容的一款专用软件，这里面包括了常见的电路图设计方案，设计了不同参数下电路物理量的模拟计算。学生通过这款软件可以学习和巩固电路图的设计，并且可以通过软件参数设置进行电路元件检测，这款软件也可以帮助测算电路数据。

(三)"见缝插针"潜移默化学生的物理认知

在课堂上使用多媒体教学，推广物理教与学相关的App，这些都是新媒体带给教学改革的重要资源。同时，伴随智能手机的普及，许多程序都向着公开化、便捷化发展了。以微信公众号为例，就有许多和物理相关的公众号。这些公众号有的来自部分研究单位、高校和初高中，各有侧重。但从对学生认知物理来说，是在学生休闲时间里"见缝插针"，潜移默化。表2-4中罗列了质量较好的部分微信公众号，并对其主要内容和教学的着力点做了简要分析。

表2-4　涉及物理的微信公众号及主要内容介绍

微信公众号	主要内容介绍
中科院物理所（cas-iop）	介绍物理所科研动态和综合新闻，物理学前沿和科学传播。
重庆物理学科建设	重庆中学物理人集体智慧的结晶，物理研讨活动信息发布，建设项目进展通报，精品教学微课程资源。
物理轻松学（wuliqsx）	介绍中学物理的学科知识，让更多的孩子学好物理，喜欢物理。
西大科普空间站	以"全民科普"为目标，着重聚焦青少年科普宣传。
初中物理	初中物理学习、答疑平台。
物理大师	提供大片式物理课程、名师学霸交流、各种解题方法。每天三分钟，快速提高初中物理成绩。

续表

微信公众号	主要内容介绍
初中物理课堂	用图文并茂的方法提供初中物理知识点的速查、速记和重点、难点的讲解练习。
初中物理同步	与孩子交流学习方法，与家长交流如何培养孩子，解决初中物理学习困惑。
猿叔初中物理	辅导初中物理教学，发布伴读文章、知识梳理、技巧总结、考点考题资料、物理考试动向和前沿知识等。
初中物理帮你学	提供有关实验和生活现象、科技等的视频，收集有关物理学的美图和照片，为初中生学习物理提供帮助。
初中物理视频教学	全国最全的初中物理教学视频分享，清华、北大名师辅导，清晰易懂，快速提分。
科学大院（kexuedayuan）	中国科学院官方科普平台。前沿、权威、有趣、有料。
疯狂物理李杨悟理（Crazy-PHY）	主要介绍初中物理的学习方法，包括部分物理思维的训练，提供教学参考视频。

当然，和初中物理教学相关的微信公众号还有很多，这里不再一一罗列。方法归纳、科普知识介绍和关注物理科技前沿，以此引导学生对物理学习产生更浓厚的兴趣；通过转变学习方法，提升物理成绩；通过了解物理科技前沿，培养学生自主创新意识，增强学生动手实践能力。

媒体的演进与发展对教育的发展来说，一直以来都起到了十分重要的作用。

第一，新媒体的普及与应用对学生的学习方式、教学实践及教学模式的改革起到了推动作用。从互联网兴起至今，凭借其优越的表现性、交互性和智能性，极大程度上丰富了课堂教学，成为课堂改革的推手。学生通过互联网、新媒体的交互获取知识，并完成自主探究学习。教学的中心和重心已经开始向"以学生为主体"倾斜。教师在教学中也将知识的传授这一单一的教学目标转变为综合素质提升和能力培养。

第二，新媒体时代能够帮助实现教育的多元化。借助新媒体手段，将逐步改进和改革"工厂化教育模式"的现状，更多地关注学生的个性化学习，真正回归"以人为本"的教育理念①。当然，发挥每个学生不同的学习潜能，

---

① 涂涛，李文. 新媒体与未来教育 [J]. 中国电化教育，2015（01）：34-38.

关注每个学生的学习兴趣和学习方向，更新教学理念和管理方式，这都不是一朝一夕能够解决的问题，需要长期的实践和摸索，需要最大程度地发挥新媒体的作用，如对学生多元测评的软件开发、依托新媒体对不同学生的"同课异授"等，都需要很长一段时间的尝试和探索。

第三，对于新媒体的兴起，我们应当辩证地看待。除了看到新媒体对教育改革带来的各种优势之外，我们也要注意联系实际教学，不应为了一味求新而完全舍去传统教学[①]。例如，在教学中，完全用多媒体代替板书，这样削弱了学生整合和记录知识的能力。完全依靠网络进行考查，虽然能够及时回收反馈信息，但学生书写能力和思维能力的发展也会受到限制。当然，最好的方式是让新媒体和教育高度融合，在育人目标上达到高度统一。让新媒体成为教育的助手，而不是取代者，用新媒体的优势来弥补传统教学中的不足。

四、物理实验教学案例

(一) 测量物质密度实验的改进

密度知识是初中物理的重要知识之一，对密度知识的掌握情况直接影响以后对压强、浮力等重要内容的学习。因此，学生在初中阶段学好密度知识至关重要。而掌握物质密度的测量方法，对巩固密度知识和加深对密度知识的理解将起到重大的推动作用，同时可以促进学生对压强、浮力等知识的理解和掌握。

物质密度的测量是初中物理的重要实验之一，它的测量方法多样，常常根据实验器材的不同而采取不同的测量方法。下面就谈谈物质密度的测量方法。

1.固体密度的测量方法

(1) 密度大于水的固体密度的测量方法 (以石块为例)

方法 1：用天平、量筒测石块的密度。

实验器材：天平 (含砝码)、量筒、水、细线、石块。

分析：这是测量物质密度的基本方法，只要先用天平测出石块的质量 m，

---

① 黄爱国. "互联网 +" 时代的中学物理教学展望 [J]. 物理教师，2017，38(06)：74-76+79.

再用量筒利用排水法测出石块的体积 V，就可直接利用密度公式 $\rho = \dfrac{m}{V}$ 计算出石块的密度。

方法 2：用弹簧测力计、量筒测石块的密度。

实验器材：弹簧测力计、量筒、水、细线、石块。

分析：可先用弹簧测力计测出石块的重力 G，再根据公式 $m = \dfrac{G}{g}$ 计算出石块的质量，最后依照方法 1 得出石块的密度。

方法 3：用天平和溢水杯测出石块的密度。

实验器材：天平、溢水杯、水、细线、石块。

分析：实验器材中缺少量筒，无法直接测出石块的体积，但仔细分析，我们便会发现，当我们把石块完全浸没在装满水的溢水杯中时，溢水杯溢出水的体积恰好等于石块的体积。因此，我们只要把溢出的水的体积求出来便可以了。

方法 4：用弹簧测力计测出石块的密度。

实验器材：弹簧测力计、水槽、水、细线、石块。

分析：我们可以用弹簧测力计间接地测出石块的质量（见方法 2），用称重法测出石块在水中受到的浮力，再根据阿基米德原理计算出石块排开水的体积，此体积即为石块的体积。

(2) 密度小于水的固体密度的测量方法（以木块为例）

方法 5：用针压法测木块的密度。

实验器材：天平（含砝码）、量筒、水、针、木块。

分析：因为木块的密度比水的密度小，木块会漂浮在量筒的水面上，因此可以用针把木块压入量筒中的水中，才能算出木块的体积。具体实验步骤和实验结论可参照方法 1。

方法 6：只用装了水的量筒测出木块的密度。

实验器材：量筒、水、细长针、木块。

分析：木块的体积我们可以用量筒测出，又因为木块的密度比水的密度小，木块一定会漂浮在水面上，而漂浮的物体的重力恰好等于它受到的浮力，而浮力又等于被木块排开的水的重力。因此，只要求出木块漂浮在水中时排开水的体积，便可测出木块的密度。

方法7：用刻度尺和水测出柱形木块的密度。

实验器材：刻度尺、水槽、水、柱形木块。

分析：我们可以根据木块漂浮在水中时浸入水中的深度，巧妙地求出木块的密度。

特别说明：根据这种方法，可以把木块巧妙地改装成密度计。

（3）固体密度的特殊测法

方法8：橡皮泥密度的测量。

实验器材：量筒、水、针、橡皮泥。

分析：因为橡皮泥具有可塑性，所以我们只要把它做成空心的，它便会像船一样漂浮在水面上，再仿照方法6测量出橡皮泥的密度。

方法9：马铃薯密度的测量。

实验器材：天平、刻度尺、小刀、马铃薯。

分析：我们可以用小刀把马铃薯削成规则的形状，刻度尺便可派上用场。如果有量筒，也可用小刀把马铃薯挖成空心，然后用测橡皮泥密度的方法测出马铃薯的密度。

2. 液体密度的测量方法（以油为例）

方法1：用密度计直接测出液体的密度。

方法2：用天平和量筒测出油的密度（实验室测法）。

实验器材：天平、量筒、油、烧杯。

实验步骤：①用天平测出空烧杯的质量 m_1。

②用量筒测出油的体积 V。

③用天平测出烧杯和烧杯中的油的总质量 m_2。

结论：$\rho_{油} = \dfrac{m_2 - m_1}{V}$。

（特别提示：如果按③→①→②的顺序测量，因为有少量油会粘在烧杯上，导致体积测量偏小，密度偏大；如果按②→③→①的顺序测量，会导致测量结果偏小）。

方法3：用杆秤和酒瓶测油的密度（家庭测法）。

实验器材：杆秤、酒瓶、水、细绳、油。

说明：大部分家庭都没有天平和量筒，那么我们在家里怎样测出油的密度呢？我们可以用杆秤代替天平测出油的质量，再用等效替代的方法巧妙地测出油的体积。然后根据密度公式计算出油的密度。

实验步骤：①用杆秤测出空酒瓶的质量 m_1。

②往酒瓶内灌满水，用杆秤测出瓶子和水的总质量 m_2。

③把水倒干，重新灌满油，用杆秤测出瓶子和油的总质量 m_3。

结论推导：油的质量为 (m_3-m_1)，油的体积等于水的体积 $\dfrac{m_2-m_1}{\rho_水}$。

因此，油的密度为 $\dfrac{m_3-m_1}{m_2-m_1}\rho_水$。

方法4：利用压强知识测出油的密度。

实验器材：两端开口的玻璃管（一端扎有橡皮膜）、刻度尺、水、烧杯、油。

实验步骤：①将玻璃管扎有橡皮膜的一端插入水中（不接触杯底）。

②往玻璃管内慢慢倒油，直到橡皮膜变平为止。

③用刻度尺测出橡皮膜分别在水中和油中的深度 h_1、h_2。

结论推导：橡皮膜受到水的压强为 $p_1=\rho_水 h_1 g$，受到油的压强为

$p_2=\rho_油 h_2 g$，因为 $p_1=p_2$，所以 $\rho_油=\dfrac{h_1}{h_2}\rho_水$。

方法5：用长方体木块和刻度尺测油的密度。

实验器材：长方体木块、水、油、烧杯、刻度尺。

实验步骤：①把长方体木块平放在水中，用刻度尺测出长方体木块浸入水中的深度 h_1。

②把长方体木块平放在油中，用刻度尺测出长方体木块浸入油中的深度 h_2。

实验结论：设长方体木块的底面积为 S，则长方体木块在水中受到的浮力为 $F_浮=\rho_水 S h_1 g$，在油中受到的浮力为 $F_浮'=\rho_油 S h_2 g$，根据两浮力相等，容易得出 $\rho_油=\dfrac{h_1}{h_2}\rho_水$。

以上就是笔者在物理教学中遇见并总结的实验方法，只要各位同仁用心总结，一定能想出更多更好的测量物质密度的方法来。

(二)"研究影响滑动摩擦力大小的因素"实验改进

"研究影响滑动摩擦力大小的因素"实验是初中物理的一项基础实验，通过该实验，可以使学生对两个物体之间的滑动摩擦力与它们之间的正压力以及两个物体接触面粗糙程度之间的定性关系有一个直观的了解和认识。笔者发现，不同版本的初中物理教科书设置的"研究影响滑动摩擦力大小的因素"实验，尽管细节略有不同，但基本方法是一样的。

(1)用弹簧测力计匀速拉动木块，使它沿水平长木板滑动，运用二力平衡知识测出木块与长木板之间的滑动摩擦力。

(2)改变放在木块上的砝码，从而改变木块对长木板的压力，测出压力改变之后木块所受的滑动摩擦力。

(3)换用材料相同但表面粗糙的长木板，保持木块上的砝码不变，测出此种情况下的滑动摩擦力。

根据实验数据，即可总结滑动摩擦力与两个物体接触面的粗糙程度以及它们之间压力大小的定性关系。

1.教材中原实验的缺陷和不足

在实验教学中，我们可以发现教科书设置的实验中存在以下不足：

第一，实验时，用手直接拉弹簧测力计让木块滑动，虽操作简单，但木块在木板上滑动时，很难保持匀速直线运动。因此，在拉动木块的过程中，大多可以明显观察到运动中的弹簧测力计指针所对应的数值无法保持恒定，这会导致读取的实验数据偏差过大。

第二，实验中改变接触面间的压力是通过增减砝码数量来实现的。尽管这种操作简单，但是对于刚学习物理不久的初中学生来说，认识事物还很感性，他们大多会认为不断增减砝码数量就是在改变物体的质量或者重力。于是就出现了实验结束后归纳总结实验结论时，尽管教师不断引导是压力影响了滑动摩擦力大小，但还是有相当一部分学生错误地认为是质量或重力影响了两个物体之间的滑动摩擦力。笔者认为，可以通过改进实验方法来改变接触面间的压力，能让学生更容易得出压力是影响滑动摩擦力大小的因素。

考虑实验设计的科学性及实验操作的可行性，笔者对教材中的实验做出如下改进。

2. 实验改进

（1）实验器材：弹簧测力计、细线、磁铁（2块）、毛巾、棉布、带有定滑轮的长木板。

（2）针对第一点不足，改进的实验方案：将弹簧测力计悬吊起来，把平放于毛巾上的磁铁一端用细线通过定滑轮与弹簧测力计相连，缓慢拉动毛巾，这时磁铁受拉力和毛巾对它的滑动摩擦力而平衡。在操作过程中可以发现，磁铁相对木板保持静止，弹簧测力计指针稳定不动，所以读取数据非常准确。另外，这样的实验设计将弹簧测力计沿竖直方向悬吊，可以很好地把弹簧测力计自身重力对实验的影响平衡掉，实验效果非常好。

（3）针对第二点不足，改进的实验方案如下。

方案1：

缓慢拉动毛巾，读出此时弹簧测力计的示数，测出磁铁所受毛巾滑动摩擦力大小。

在长木板的下方放置另一磁铁，使此磁铁和毛巾上的磁铁的异名磁极正对，两磁铁彼此吸引，然后缓慢拉动毛巾（从实验操作中可以发现，拉动毛巾时，两磁铁是相对静止不动的），读取弹簧测力计的示数，测出此时磁铁所受滑动摩擦力。

实验发现，在改变磁铁与毛巾间的压力的实验中，滑动摩擦力变化得非常明显。利用磁极间相互作用规律（异名磁极相互吸引）来增大磁铁与毛巾接触面间的压力，可以使学生清楚地看到实验操作中并没有改变磁铁的质量或者重力，更有利于学生得出压力是影响滑动摩擦力的因素这一正确结论。

为了得到更具一般性的结论，需要不断改变压力的大小。为此，可以选择几个磁性强弱不同的磁铁，先后分别放在木板下方正对上面磁铁的位置（异名磁极相对放置），再匀速拉动毛巾，读取测力计的读数，测量磁铁与毛巾之间的滑动摩擦力。当然，为了让学生直观感受到压力的变化，可以在每次更换磁铁之前，用弹簧测力计将木板上方的磁铁缓慢吊起，测量出最大拉力（亦即磁铁与毛巾之间的正压力——该压力大于上面磁铁的重力）。

方案2：

依然用上述改进方法来进行——用悬吊起来的弹簧测力计，并结合固定于木板上的定滑轮来进行测量。木块与毛巾之间的压力大小可以通过以下方法进行测量：细线的一端拴在木块上，绕过上面悬挂的定滑轮之后，在细线另一端悬挂钩码，通过改变钩码的个数来改变细线对木块的拉力，从而改变木块与毛巾之间压力的大小，压力改变之后，用手拉动毛巾，观察并记录弹簧测力计的读数（亦即木块与毛巾之间的滑动摩擦力）。

在课堂教学中，笔者采用这样的改进方法进行实验。通过教学发现，不论是通过磁铁之间相互作用的方法来改变两个物体之间的压力，还是通过悬挂钩码对物体产生拉力的方法来改变压力，学生都会直观地认识到在压力改变时，研究对象物体的质量和重力都没有改变。学生就不会产生滑动摩擦力的大小和物体的质量或重力有关的错误认识。

作为教师，在教学过程中应力争做到以学生为主体，分析学生对哪些知识的理解可能存在困难，教学内容怎样安排才能更利于学生构建知识。物理实验教学也是如此。教师在设计实验时，应深入分析传统实验的优点和不足，不断改进实验教学方法，以使学生对知识的理解更到位、更透彻。

第三章 基于 STEM 理念的初中物理创新实验设计与教学

第一节 STEM 教育的发展历程与概念界定

一、STEM 教育的发展历程

STEM 教育内含四门基础的元学科，分别是科学（Science）、技术（Technology）、工程（Engineering）与数学（Mathematics）。推行 STEM 理念意在以整合的教学方式培养学生的知识和技能，以及灵活运用知识迁移解决现实问题的能力。近年来，与此相关的研究文献如雨后春笋般在各大学术论坛中发表出来，涵盖领域主要囊括社会科学、心理学、教育学、工程学以及信息与图书科学。作为 STEM 教育领域发展最为迅速的美国，早在 20 世纪 80 年代就在《本科的科学、数学和工程教育》中提出了 STEM 教育，明确"科学、数学和工程"的纲领性建议，开启了教育改革的篇章，并于 2007年公布《美国竞争力法案》，将 STEM 教育和国家经济竞争力挂钩，投入师资以加强 STEM 教育对本科教育和 K-12 教育的主导作用[1]。2010 年，美国又颁布了《美国竞争再授权法》，为高等教育领域的 STEM 教育发展保驾护航；2015 年，奥巴马在《国情咨文》中特别提到要改革 STEM 课程教育，将非正式 STEM 教育纳入国家科学基金会管辖。由此可见，美国的 STEM 教育发展路径是由上而下的发展模式，动用了社会的共同力量来推动 STEM 教育的实施。除了联邦政府的政策和资金的支持之外，科研机构和组织机构也投入其中，力求在实践和理论上提供完整的实施方案。

最早出现类似的课程是在 20 世纪 60 年代，为了解决经济迅速发展带来的社会负面问题，STS 课程应运而生。这里的 STS 分别指代科学（Science）、

---

① 潘延双. 美国 STEM 教育探析及其对我国中学物理教育改革的启示 [J]. 教育教学论坛，2019（19）：111-112.

技术（Technology）、社会（Society）三个领域，旨在引起学者们基于科学技术发展的本质以及历史进程进行反思。STS 教育的研究者以建构的方式把科学技术和社会进行联系，力求打破分科课程和核心知识的界限，超越单门学科所含有的知识框架与概念原理，这些在当时作为一种新的科学教育构想传入了我国，对小学、中学、大学教育的发展产生了深远的影响[1]。在科学教育目标上，从片面追求个体知识发展到重视情感、态度、科学素养的培养；孙可平博士对 STS 教育目标进行全面分析之后这样叙述：所有的 STS 教育项目都扩展了科学教育的目标，突出了个人发展、社会发展与文化的目标。除了教育目标之外，教学方式也产生了积极的变化，更加注重探究性和体验性，注重唤醒学生的自我意识和情感体验。

在随后的几十年时间里，工业日益发达，美国教育的目标再次进行了转变，为了增强学生的理工科学素养，培养出社会所需的高端科技人才，继承了 STS 课程整合特性的 STEM 课程开启了实用主义价值取向的整合技术教育模式，于 20 世纪 80 年代在美国麻州的中小学教育中落地生根。《在即将到来的风暴中崛起》（Rising Above The Gathering Storm）一文说道，参照世界级教育标准的学习质量和评价方式实施的美国 K-12 阶段教育能够高效提升课堂教学的质量。所谓 K-12 教育，就是指美国从幼儿园开始到 12 年级的基础教育，对于 STEM 培养的具体技能目标而言，呼声最高且统一的能力包括设计与解决问题能力、创造性思维能力、发明能力和自力更生能力。为了培养 STEM 教师，美国国家科学基金会还投入资金在几所大学内开展了MEDIA 建模项目，利用技术手段帮助中学教师理解如何实施教学与科学相结合的课堂，如何在教学中有机融合工程学的内容，而且在实践中取得了显著的成效。在全国实施了许多这样成功而优秀的 STEM 教育实践之后，美国相关领域的本科生入学率提高了 2%，硕士生入学率提高了 8%；随着数字化时代的蓬勃发展，其他发达国家，如英国、澳大利亚、日本，也相继制定 STEM 教育强国的战略，开展 STEM 相关课程，培养 STEM 教师，并与美国进行交流学习，推进对 STEM 课程的优化和探索[2]。

现今基于 STEM 教育衍生的多样教育模式及教学实践记录在各大学术

① 乔际平，孙海滨.中学物理教学中的 STS 教育研究 [D]. 北京：首都师范大学，2000：21.
② 冯冬雪.STEM 教育的国际比较研究 [D]. 新乡：河南师范大学，2018：21.

论坛上广为发表，有不少研究者在 STEM 四门学科的基础上酌情添加了"艺术"这一学科，并将其命名为 STEAM 教育，其广泛适用的合理性也得到了学界的普遍承认。对于添加的"艺术"一项，不同学术领域的学者们有着不同的想法。有的认为"艺术"在教学中的应用应该呈现在艺术设计上，有的则认为语言、形体这些因素也应该包含在"艺术"的范围之内。不过总的来说，艺术学科的加入确实让原来的 STEM 课程添加了人文社会科学属性，相比起单调的理工科属性而言，无疑更具有人文主义的温度。除此之外，还有部分学者提出了 STREAM 课程，即在原来 STEAM 课程的基础上，加入了读写（Reading）的技能，意在培养学生表达观点和沟通交流的能力。由此可见，STEM 课程已经从基础教育向更高等级的教育拓展，课程形式也更加灵活，涉及的领域也越来越广泛。除了艺术领域之外，还有计算机领域等。这些更具有学科特点的 STEM 课程都是非常有创造性的尝试，充满着效用主义的色彩。

二、STEM 教育的概念界定

在 2001 年，美国国家自然科学基金会教育与人类资源理事会副理事长朱迪丝·拉玛雷在课程开发时提出了 STEM 教育，其目的是利用解决问题的方式让学生实现跨学科的知识整合，让未来的人才能够适应经济全球化的浪潮[1]。当今发达国家大力发展 STEM 教育以"保持卓越，引领世界"为宗旨，已经让其上升到国家行动的战略高度，意在提高未来国家的核心竞争力。贯穿 STEM 教育理念环境下的学生适应未知领域的能力更强，能够在新兴的产业领域中占得先机，填补技能劳动力的缺口。STEM 教育的跨学科并不是将各门学科知识进行累加，而是强调知识之间的联系和整合，并将其运用到真实的情境中去。因此，考虑问题的方式也更广、更深。

STEM 素养除了包括科学、技术、工程和数学等理工科知识之外，还有独立提问、设计、分析、推断以及运算的能力[2]。为了培养学生的 STEM 素养，教师最常用的方式有项目式学习或问题解决式学习。其中，囊括最基本的四个素养可以这样来解释：

① 孙银玲.美国早期 STEM 教育推进政策及其启示 [J].教育观察，2019，8(38)：72-74.
② 吕延会.STEM 教育的核心精神 [J].当代教育科学，2017(05)：16-19.

（1）科学素养是指在认识自然现象或产品时能够科学地做出解释和描述，或是评价科学研究、提供问题解决的方法。

（2）技术素养是指使用、管理和理解技术的能力，明了技术对自然和社会所带来的影响，以及如何在解决问题中选用合适的工具。

（3）工程素养是指对技术本质的工程和系统的理解，还有构建并交流观点与解决方案的能力。

（4）数学素养包括抽象思维能力、逻辑推理能力、数学建模能力、数学运算能力以及数据分析能力等一系列在各种情境中运用、表达和解释数学的能力。

STEM 素养除了上述基本的四个素养之外，还包括更高层次的内容，涉及认知、情感和动作、技能的学习领域，以及个人、社会和经济需求。比起作为内容领域而存在，不如说是一种获得更深层学习的方式更为恰当。

第二节　STEM 教育与初中物理实验

一、在物理教学中融入 STEM 理念的必要性

（一）STEM 理念能够促进物理核心素养的落实

中学物理课程改革重点强调物理核心素养的落实，构建从生活经验出发、以学科内容为基础、以核心素养为指导方向的中学物理课程。强调"注重多学科的横向配合，建议中学进行科学探究与技术应用相整合的跨学科学习活动，以此增强学生科学意识和实践能力"。新课程标准强调"创设情境提升跨学科技能并树立正确的科学观和价值观"。

STEM 理念强调了物理教学的实践性，在实践中增强解决问题的能力，并将其运用到生活中，从而加深对知识的理解。从认知维度出发，STEM 理念注重解决问题的过程，学生在解决问题时会关联其他学科的知识，从而实现多学科思维的结合。学生在 STEM 理念引导的课堂中会对问题产生求知的欲望，进而主动查询知识并找到解决问题的办法，有效提升了学生们灵活

运用知识的能力[①]。

（二）STEM 教育能够发展学生的物理技能

发展学生技能是物理课程标准中提出的教学要求。STEM 教育理念强调做中学，注重创设实践操作活动，强调给学生提供动手、动脑的机会。通过实践，学生既能透过现象发现规律，又能体验到探究的乐趣，还能锻炼操作技能。立足初中生的发展情况，在实施操作实践互动的时候，教师可以引导学生模仿，从模仿中实现"做中学"。例如，在引导学生学习"杠杆"时，教师联系物理与现实生活的关系，从生活中搜寻杆秤，引导学生模仿制作杆秤，并利用制作的杆秤对物体进行称重。学生体验这样的模仿活动，借助自身的感知，建立对杠杆的直接认知，便于发展物理探究能力，提高操作技能。

（三）STS 教育能够成为 STEM 理念的载体

STS 教育强调知识的实用性和社会价值，注重科技前沿、生活实际等与物理学科的结合，注重引导学生从实际情境出发关注物理知识，体现了物理课程标准中"从生活走向物理，从物理走向社会""注意学科渗透，关心科技发展"两个基本课程理念。STS 教育能让学生了解自然界事物的相互联系，加强学科间的联系与渗透，关心科学技术的新进展，关注科技发展给社会进步带来的影响，逐步树立科学的世界观。物理课程中的 STS 教育与 STEM 教育理念完美契合，STS 教育是 STEM 理念的重要载体。

物理新课程标准重点强调了物理与技术、社会的联系。课程内容有两个模块侧重物理学与社会科学、人文科学的融合，三个模块侧重从技术应用的角度展示物理学。近年来出现了许多联系科技、生产、生活实际的新颖问题，是中考命题的一个重要方向。

STEM 教育理念强调创设情境，以项目式教学开展学习活动。在科学探究过程中，小组合作设计方案，反思交流进行修正，形成最终产品并解决实际问题。基于 STEM 教育理念的物理学习活动强调任务驱动教学，学生在

---

① 徐婷，徐萌 .STEM 教育理念下的初中物理实验教学研究 [J]. 吉林省教育学院学报，2022，38(02)：117-121.

问题驱动下搜集资料合作探究，从而更深入理解物理概念以及物理本质。设计探究方案的过程有利于培养学生的科学思维方法与建构模型的能力。与此同时，科学推理过程能够让学生正确认识科学本质，形成实事求是、追求科学创新的意识。物理学强调以观察日常生活与动手操作为基准，建构模型，在科学演绎中形成理论体系。综上所述，两者都是基于自然现象，使学生通过观察、思索、探究等环节解决问题。因此，将 STEM 理念融入初中物理教学是切实可行的。

二、STEM 教育融入初中物理实验的可行性

物理实验的实验资源和知识点与其他学科具有交叉领域，可以让 STEM 教育理念渗透其中。著名物理学家丁肇中教授曾有言，所有的自然科学都是实验科学，实验可以推翻理论，但理论永远都无法推翻实验。因此，实验对于自然科学来说非常重要。通过实验教学生物理知识，就好比在水中教学生游泳，不下水亲身体验，只在岸上做标准的划水动作，哪怕动作再规范也是不实用的。物理知识从实验中来，就要到实验中去。格物致知，以物知理，物理实验能够纯化、简化、强化以及再现物理学研究的对象，是理论的概括，也是最可靠的客观依据。

STEM 教育除了传授学生已有的学科知识以外，更重要的是让学生学习科学家探究世界的方法，扩宽学生大脑中的认知边缘，同时构建探索世界的科学认知。实验教学作为物理学科和 STEM 教育之间的桥梁，能够在其中将物理课程的内容和 STEM 核心理念进行整合，通过实践活动的形式更好地完成教学目标，培养学生对科学探究的兴趣。科技的教育不是概念的灌输，创新的精神来自天马行空的想象和亲身经历的设计，现有的实验还有很大的革新空间，还可以更生活化、常态化。初中阶段，物理学习要培养学生对物理的兴趣，丰富学生的科学探究体验。初中阶段研究的问题也相对独立，且以定性研究居多。既然初中物理要以生动的自然现象和直观形象的实验给学生留下愉悦的学科印象，实验过程就不能太过单调和机械，实验的生动性要体现出来。相比于全面设计后的创新实验，物理教材中原本的实验都是非常基础的，之所以这样设计，是希望物理教师能够根据条件和实情进行不同方向的拓展，否则千篇一律的教学不仅让物理这个学科变得枯燥，物

理学背后的自然特色也会在苍白的教学中失去它原本的色彩。因此，基于 STEM 理念对物理实验进行深化、拓展，给学生展示物理特殊的学科魅力是非常有必要，也很有学习意义的教学举措。

第三节 基于 STEM 教育理念的初中物理实验设计策略

一、基于 STEM 教育理念的初中物理实验设计原则

物理实验与 STEM 教育理念的结合需要在一定的规范下才能让教学实践的进行有条不紊，设计原则在一定程度上反映了教学工作的基本要求，贯彻在教学过程的各个方面和始终，同时是教师研究创新性实验的指导性原理，灵活运用设计原则可以提高教学的质量，保障教学的效率[①]。

（一）关联性原则

STEM 教育理念下的科学、技术、工程、数学四个方面有紧密的联系。教师在设计创新型实验的过程中，除了分析当前学习主题的重难点之外，还要对教学内容、实验环节中蕴含的 STEM 学科内涵进行深度挖掘，并系统地解析出来，这样学生才能从整体上把握学科知识和 STEM 素养之间的联系。而且 STEM 教学强调学生之间的思维和想法也应该有交集和碰撞，在互动互助的实验过程中，不断解决思想矛盾才能获得更好的学习效果，产生更完善的问题解决方案。

（二）开放性原则

说到开放性原则，这里不得不提一下著名教育学家陶行知提出的"六大解放"：解放学生的头脑，发展开放性思维；解放学生的双手，放学生大胆去操作；解放学生的眼睛，拓宽学生的视野；解放学生的嘴，让学生畅所欲言表达心中所想；解放学生的空间，让他们不局限于课堂去感受、亲近自然；解放学生的时间，给学生安排更自由的学习进程，让他们也可以做自己想做的事。这种教学做合一的教育思想和所述的 STEM 思想有非常契合的

---

① 聂盼 .STEM 教育理念在中学地理教学中的应用探究 [D]. 长沙：湖南师范大学，2017: 19.

地方，学生看待问题的视野也更加宽广，从而获得不同意义的学习成果。在物理实验上，教师也是从学生的生活出发，寻找更生活化的学习问题，以高于生活的层次设计问题的探究性，由开放性的实验、活动、比赛、考查替代单一的课堂教学，尊重学生的个体差异和独特见解，保护他们的创新意识，给他们以自由开放的时间与空间[1]。

(三) 创新性原则

在我国 2016 年正式提出的核心素养里，创新素养是极其重要的一项，也是被教育者们强调要在各教学领域中最需要真正落实的一项。在近两年的学术论坛上发布的各类新型探究性实验教学中，几乎每一个下工夫的教师都强调过学生的创新意识需要得到提升，需要有更具时代意义的课堂教学让学生发挥出他们的灵活性与创造性。物理实验本身就是能够有很大变通的一个教学项目，哪怕是换一种新的工具或是新的技术手段，都能给学生焕然一新的感觉。在设计实验环节时，教师不妨大胆设置一些具有争议性的点，培养学生的质疑精神，挖掘他们的求实动力，再给学生付诸想法到实践中的机会，让他们展示自己的潜能和努力成果。

(四) 情境性原则

有时，学生在听课的过程中不是没有产生过新奇的想法，只是缺乏合适的情境让他们理解心中所想的可行性。对于新奇的知识，学生一开始总是抱有好奇心并在生活经验中对其加以迁移，教师在讲台上一丝不苟地讲解早已熟悉烂透的物理概念时，那些概念在部分学生的脑海中产生的迁移画面完全是另一番面貌，看过的电影、路经的表演都可能在他们的脑海中形成独特的思维认知，创新之后的物理实验虽然不能比拟如此奇幻妙想的过程，但依然是更具乐趣和探究性的教学体验，它让学生勤于思考，也让学生置身于问题的情境之中，学生一直在这样的状态里开展实践探究活动，更能产生良好的效果。

---

① 孔凡刚 . 解放思想，让物理课堂更高效 [J]. 黑河教育，2019(07)：20-21.

（五）理论和实践相统一原则

荀子有一句经典名言："不闻不若闻之，闻之不若见之，见之不若知之，知之不若行之。学至于行之而止矣。"作为最高等级的学习，"行"可谓是中国从古至今最被推崇的学习方式。教师在设计物理实验时，同样要考虑这一原则。教师教的是自己已知的内容，学生学的是自己未知的内容，两者所在的出发点就已经不同。只有教师让学生亲历探索的过程，有真正需要动脑思考解决问题的过程，才能让学生真正理解而不是记住物理知识，这样建构的物理知识才能在新的问题情境中实现有效的学习迁移。

二、基于 STEM 教育理念的初中物理实验教学方法

STEM 教育的优良性除了体现在超前的教学概念中以外，还体现在其全新的教学方法中，都说学生应该在教学过程中发展操作能力，锻炼思维能力、逻辑推理能力等，但如何将这些能力同高效的教学方式结合起来，也是前沿教育者们需要不断思考的问题。迄今为止，STEM 教育的教学方法主要有以下两种：PBL 教学法、6E 教学法[1]。这两种 STEM 教学方法是针对有效的学习策略进行归纳之后产生的，具有很好的教学意义。在物理实验的教学中，这些方法也可以用到，在后文的具体创新实验案例中就有一部分的体现，这里先对两种教学方法做简单的介绍。

（一）PBL 教学法

PBL 教学法是 Problem Based Learning 和 Project Based Learning 的缩写，分别代表基于问题的学习和基于项目的学习。基于问题的学习，顾名思义，就是选择结构不良领域的问题作为研究对象展开教学，这种教学模式可以同网络技术、科学技术结合起来。教师在课堂中将学生分为不同的探究小组，分工研究问题的不同过程或者共同研究一个问题，在教学环节中穿插着工程设计、技术应用、数学计算等细节过程，为了培养学生的创新意识，教师在设置问题时会考虑问题的交叉性、前沿性，等等。基于项目的学习是以一个项目为核心展开教学实践活动，学生解决问题的过程就比较类似于专家研究

① 李扬 .STEM 教育视野下的科学课程构建 [D]. 金华：浙江师范大学，2014: 21.

课题的过程，在这样的学习过程中可能会出现比如社区人员支持这一类现实的情景[①]。在教学过程中，教师尽可能给学生提供真实的场景，让学生作为小工程师主动查阅所需资料，在探讨合作中草拟方案，并在不断尝试中修订方案，最终实施项目解决问题，这对于学生的综合能力提升很有帮助，同时对教师监控的能力有一定的要求。具体模式流程简单概括为项目准备、制订计划、项目实施、分析讨论、考核反馈。

（二）6E 教学法

6E 教学法的理论基础是建构主义教学理论，也是在 STEM 教育实践中出现较多的教学方式，最早是 5E 教学方式，后来加入了"工程"这一部分，使其拓展到 6E 教学模式。其具体步骤为：引入（Engage）、探究（Explore）、解释（Explain）、工程（Engineer）、深化（Enrich）、评价（Evaluate），对于教师和学生所进行的不同教学阶段有不同的活动要求，这里简单介绍六个教学步骤的具体含义[②]。

"引入"阶段：又叫"参与"阶段。在该阶段中，教师首先给学生创设合理的教学情境，用来激起学生的兴趣，进入课堂该有的学习状态中。此时，教师可能会让学生做一些简单的动作或活动，学生也会根据呈现的内容和已有经验进行初步的联系，教师可以根据学生的反应获知学生的大致知识掌握水平，如果此时学生难以在教学情境中进行知识迁移，产生的认知冲突就是概念转变的契机之一了。

"探究"阶段：在该阶段中，学生要凭借已有的知识和经验对教师所给的议题做范围的界定，教师此时扮演的是一个观察者、聆听者、引导者的角色，只需给学生提供必要的实验仪器和背景资料，然后监控学习过程即可，学生需要在这一步骤中明确问题的导向，分析需求并将教师建立的教学情境同主题知识产生一定程度上的联系，此时部分学生会在前概念的联系上出错，这也为新规律的提出创造了条件。

"解释"阶段：在该阶段中，学生要对草拟的方案进行一定的整理和疏

---

① 陈韵玉 .PBL 教学模式在初中物理教学中的应用研究 [D]. 广州：广州大学，2019：18.
② 茅君平 . 基于 6E 学习模式的 STEM 课例开发——以"多用电表"教学为例 [J]. 物理教学探讨，2019，37（04）：9－11+14.

通，并向合作伙伴阐述自己的想法，包括选定方案和修改计划的原因，对过程的初步预测等，此时学生之间会产生一定的认知冲突，教师在一旁要监控这一流程，适时引导，并加以传播。教师还可以在这一阶段让学生借助多种课程资源（如动画、视频等）表达和抽象化自己的观点，并进行错误的纠正和补充说明。

"工程"阶段：该阶段学生要利用自己准备或教师提供的材料和工具进行方案原型的制作，并在制作过程中不断改良。学生在这个阶段的操作中学到的知识可以为学生提供工程建造的基础，学生会在这个阶段主动思考自己需要的技能、主动寻找自己需要的工具，教师此时要适时给予学生帮助，并针对学生的制作提出一些建设性的意见，让学生能够更好地完成任务。

"深化"阶段：又叫"丰富"阶段。该阶段学生回到主题知识之中，进行概念上的拓展，将新知识的体系框架建构起来，并排除错误的前概念的迁移。教师在该阶段要针对不同的学生进行有效的提问，并指导学生做更深层次的研究思考，拓宽学生对教学应用认知的广度。

"评价"阶段：教师和学生都会参与到评价之中，教师可以设置小测验或其他表现性任务考查学生的理解程度，并鼓励学生进行自我评价和小组评价，述说对教师的建议。这样，师生能够共同反思和进步，让教师准确分析本单元的学习效果，和认清自己在整个教学过程中的贡献，确认下一步的学习目标，学生也能够明确自己存在的问题以及改正的方向，同时在脑海中对主题内容进行回顾和巩固。

三、基于 STEM 教育理念的初中物理实验设计模式

初中物理教材中的实验是非常基础的，为了让初中阶段的实验更具有物理的学科背景特色，教师可以基于 STEM 理念对物理实验进行改进、深化和拓展：在创新设计过程中，除了遵循上述的五个原则之外，教师还应该有一套系统的实验设计模式作为参考，在余胜泉、胡翔的《STEM 教育理念与跨学科整合模式》[①]一文中，就对融合 STEM 理念的跨学科整合模式课程的策划提出了较完善的一套设计模式，主要包括以下六个步骤：学前分析、教学法分析、教学过程分析与设计、知识结构化设计、教学项目的应用与改

① 余胜泉，胡翔.STEM 教育理念与跨学科整合模式 [J]. 开放教育研究，2015，21(04)：13-22.

进、总结性评价。这里将以创新型中学物理实验为主解析这六个步骤。

（一）学前分析

在实验设计之前，教师要分析当前学习主题的教学目标及重难点，学生当前的学习水平，以及可能对教学造成影响的前概念。每一小节物理内容都有对应的三维目标，教师在设计对应的物理实验之前，首先要深入分析知识内容间的结构关系和知识内容的类型，再分析学生的智力因素和非智力因素，以确保设计的实验适合学生进行学习。

（二）教学法分析

前文所述 STEM 教育下的三种教学方法都可以同物理的实验教学结合起来，只是施教的过程不同，教师可以根据当前学习主题和三种 STEM 教学法的契合度选择实验教学的方法，PBL 教学方法适合教学内容中某一重要主题的教学，不管是基于问题还是基于项目，都可以将其中重要的主题内容利用实验进行细化的处理，帮助学生攻克重难点，同时这一种教学法也是物理教师进行教学实践尝试时最爱选用的，具有针对性强、易于记录的优点。6E 教学法适合那些需要具象化的实验或多有操作性内容的章节。这种教学方法可以将一整节课的内容设计成一个教学案例来实施。这一点和 PBL 教学针对其中的问题或项目是不同的。6E 教学法将章节内容依据六个步骤循序渐进地安排教学，可以使知识在合适的情境下有连贯性地呈现，同时不乏操作性和体验性。工程教育模式目前在小学课程中实施的环节分为发现问题、草拟计划、选择材料、制作测试、记录分享五个环节。初中物理中简单的实验部分和教具制作也可以选用此法。

（三）教学过程分析与设计

选择合适的教学方法之后，就要将学习的章节内容细化，在教学方法的框架中进行顺序编排，并具体安排每个环节的教师活动、学生活动。我们拿 6E 教学法来举例。教师首先针对章节的内容构思一个合理的物理情境，再由浅入深、循序渐进地将主题内容做出逐步的呈现，有效活动就将其穿插进去，然后将实验过程也进行一定的分解和编排，再思考教学内容或是实验还有什么可以做出深化拓展的地方，有什么可以让学生再进行知识迁移的地方来巩固学生的学习效果，最后设计该课程和实验的评价角度。总之，整个教学过程要有清晰的条理和逻辑，知识衔接要自然。

（四）知识结构化设计

教学的大致步骤确定下来之后，就要对教学过程进行细节处理，知识的呈现方式，知识点之间的过渡，还有每一个环节的教学意义，都要仔细地思考并记录下来，这样才能将整个教学实践活动的内容都建构起来。还有各教学环节的语言组织，学生可能会提问的内容以及做法的预测，实验步骤在STEM理念中的具体体现，都是需要事先设计思考的内容。

（五）教学项目的应用与改进

在设计完教学方案之后，教师可能会在施教过程中遇到很多始料未及的问题，比如对学生的前水平预估存在误差，物理情境的创设难以让学生进入状态，不能很好地激发学生的学习潜能，学生的设计方案离题，学生在合作过程中难以达成共识，学生接受知识的时间轴过长超出了预期等。这些问题在新的实验教学中出现是很正常的，教师确实需要足够的经验去应对上述困难。因此，为了积累更多的实验教学经验，教师可以从简单的实验做起，再慢慢提高难度，在逐渐熟悉当前学生的学习特征和水平之后，就可以挑战更高完整性的实验教学模式[1]。

在每一次教学结束以后，教师都要对课堂中出现的问题进行思考，对先前设计的实验教学方案进行修正与改进。如果条件允许的话，在另一个班级再做一次教学尝试，逐步提高当前主题教学方案的完整性。

（六）总结性评价

在当前学习单元几次实验教学告一段落时，教师除了在教学活动过程中建立形成性评价之外，还要再做一次总结性评价。形成性评价可以再通过知识测验、行为观察的方式进行确认，主要是为了了解当前阶段教学中存在的问题和改进的方向。总结性评价是在完成阶段教学之后通过课程标准中的

① 吴敏. 利用物理实验激发学习动机的教学策略研究 [D]. 上海：上海师范大学，2018.

课程目标分析教学的效果和与预期的差距，以及各教学步骤、实验设置是否真正落实了学生的 STEM 素养培养目标，教师的评价过程可以有更多的方式，比如事先制订评价标准，学生小组填写教学问卷调查等，要改变单一的评价方式，强调多元主体评价。

总的来说，教师要在 STEM 理念的应用中设计和完善跨学科的实验教学整合模式，针对学习主题涉及的 STEM 元学科内容创设系统的教学方案，降低学科疑难伪解决、学科知识伪探究这类问题的发生，以让学生获得统整性学习的成就感，提升 STEM 素养和知识理解，为 STEM 教育理念在初中物理教学中的推广提供更多宝贵的参考经验。

第四节 基于 STEM 教育理念的初中物理创新实验设计

一、充满物态变化的液氮实验

（一）实验设计

1. 实验原理

液氮实验涉及多种物态变化的过程，装在水槽中的液氮挥发是汽化，低温的氮气使得空气中的水蒸气液化成细小的水珠，从而出现大量的白雾。装液氮的水槽外表面的霜是因为空气中的水蒸气遇冷凝华。液氮被倒在桌面上之所以会形成一粒粒小的滚珠，是因为液氮表面与桌面之间形成了一层"气膜"。放入液氮中的气球会缩小，是因为气球中的空气遇冷液化，体积减小，将气球拿到桌面上时，气球中的液态空气再次遇热汽化，使气球膨胀。拿钢杯盛放液氮时，在钢杯底部滴落的液体是空气中的氧气遇冷液化所形成的液氧。在装有液氮的玻璃瓶上装一个有小气孔的瓶塞时，会迅速喷出大量气体，是因为液氮转化为氮气时体积变化倍率为 648 倍，在瓶口套上的气球能够迅速膨胀也是同理。液氧能够被磁铁吸引是因为液氧具有强顺磁性。放入液氮中的树叶由于其中的液体被冻成固态，所以质地变硬了，容易折断捏碎。液氮冰淇淋的制作是所用材料的液态混合物遇冷凝固而成的。

2. 实验材料

液氮、水槽、气球、打气筒、纸巾 (或抹布)、镊子、汤勺、钢杯、隔热手套、木板、热水壶、塑胶桶、冰淇淋原材料 (纯牛奶、白糖、蜂蜜、奶油、多种果酱)、树叶、玻璃瓶、带气孔的瓶塞、酒精灯、小金鱼、托盘天平、磁铁、易拉罐、碗。

3. STEM 理念的融合

基于 STEM 理念的初中物理实验创新设计如表 3-1 所示。

表 3-1 基于 STEM 理念的初中物理实验创新设计

科学（Science）	技术（Technology）	工程（Engineering）	数学（Mathematics）
1. 几种物态变化。 2. 液氮的低沸点及其他性质。 3. 氧的沸点。 4. "小滚珠"的形成原因。 5. 液氧的强顺磁性。	1. 酒精灯的使用。 2. 用钢杯舀液氮，从液氮中夹取纸巾(抹布)的方式。 3. 托盘天平的使用。	1. 液氧的收集。 2. 证明液氧的实践操作。 3. 用液氮瓶充气球。 4. 冰淇淋的制作。 5. 利用托盘天平称量材料的质量。	制作冰淇淋时使用液氮的数量。

(二) 教学编排

1. 教学过程

(1) 演示在液氮中洗过的布料在空气中快速变干的现象，并请学生用纸张做实验，观察布料 / 纸张的干燥程度和温度。

(2) 用钢杯盛一定的液氮，在桌面上轻洒一些，观察现象并引发学生思考。

(3) 将液氮装进玻璃瓶中，用一个带气孔的瓶塞塞住瓶口，观察现象；将未充气的气球套在瓶塞上，观察现象。

(4) 将气球放进液氮中，观察气球的变化；将液氮中的气球拿出来放在桌面上，观察气球的变化。

(5) 探究装有液氮的钢杯底部滴下的液体是什么物质，并利用液氧的强顺磁性收集液氧。

(6) 将树叶放进液氮中，并观察树叶的变化情况，然后再放入棉花糖，请学生品尝棉花糖 "口感" 的变化。

(7) 指导学生制作液氮冰淇淋。

(8) 将热水壶中的热水倒入液氮中，让学生观察发生的现象。

2. 基于 STEM 理念的 PBL 学习模式

基于 STEM 理念的 PBL 学习模式如表 3-2 所示。

表 3-2　基于 STEM 理念的 PBL 学习模式

教学内容	教师活动	学生活动	学生疑问	活动目标
液氮初展示	在桌面上放置一块木板，在木板上放置水槽，然后将液氮倒入水槽内。	观察液氮的颜色、状态，并用手触及溢出的"白雾"，感受低温。观察水槽表面出现的白色絮状物。	1. 液氮为什么一直在沸腾？ 2. 为什么会出现"白雾"？"白雾"的实质是什么？ 3. 水槽表面的白色絮状物是什么？	该环节中，学生首见液氮，从科学角度分析"白雾"的现象和白色絮状物产生的原因，对液氮有了初步的接触和认识。
桌面上的"小滚珠"	教师戴上隔热手套，用钢杯舀出部分液氮，先提问：如果倒在桌面上会有什么现象发生？然后在桌面上轻洒一些。教师播放冷水倒在热锅上的视频，帮助学生理解产生的现象。	思考教师的问题，猜想发生的结果，观察倒出的液氮所呈现的变化。思考为什么会出现一颗颗浮在空中紧贴桌面滑动的"小滚珠"？	1. 为什么液氮倒出来会出现大量的"小滚珠"？ 2. 为什么"小滚珠"与桌面有距离？	学生了解了液氮的性质之后，尝试科学地描述"小滚珠"的成因，并结合视频中水珠在热锅上的情况思考，利用对比帮助学生理解与记忆。
瓶口充气	教师用钢杯将液氮倒入空瓶中，先提问：如果把漏气的瓶塞扣上会发生什么？然后扣上带气孔的瓶塞。教师将一个未充气的气球套在瓶塞上。	思考教师的问题，猜想发生的结果，观察瓶塞出气孔产生的现象。观察气球膨胀的速度。	1. 为什么从瓶内喷出的气流很强？ 2. 充入气球内的是什么气体？	学生能猜到会有氮气从气孔中漏出，但是疑惑气流为何强劲，液氮膨胀倍率这一概念比物态变化更深一层，意在深入强化学生的思维。

教学内容	教师活动	学生活动	学生疑问	活动目标
气球"瘪"了？	教师给气球充气，使其鼓起后，提问：如果将一个充气的气球放入液氮中，气球会如何变化？然后将充气的气球放入液氮中。针对现象让学生分别发表意见。再次发问：如果此时将液氮中的气球拿出来，气球会如何变化？用镊子将液氮内的气球夹到桌面上。	思考教师的问题，猜想发生的结果，观察充气的气球在液氮中的变化，并与他人讨论气球缩小的原因。观察缩小的气球取出后的变化。	1.为什么气球在液氮中缩小了？2.缩小的气球内部的液体是什么？3.为什么缩小的气球从液氮中取出后会迅速膨胀并伴有冰屑碎裂的声音？	学生学过氮气和氧气物态变化所需的温度条件，但面对气球放入液氮和从液氮中取出这些真实情境时，仍不能第一时间猜想到正确的结果，该环节是希望培养学生审视综合条件、理性分析结果的能力，帮助学生完成从理论思维到具体形象思维的过渡。
氧气的液化与收集	教师用钢杯舀出部分液氮，引导学生观察钢杯底部滴落的液体，提问该液体是什么？提问：如何收集液氧？剪开易拉罐的瓶子，并往里面倒入液氮，等过一段时间，把一个磁体放到液体表面。教师向学生解释液氧的强顺磁性。提问：如何证明附着物是氧？	观察钢杯底部滴落的液体，思考液体的成分及成因。与其他同学讨论如何收集液氧、如何证明磁铁上的附着物是氧，并通过实践操作来检验。学习液氧的强顺磁性。	1.钢杯底部滴落的液体是什么？是如何形成的？2.液氧滴落后就消散了，应如何收集？3.磁铁表面的附着物是什么？4.用什么方法来证明附着物是氧？	学生看到钢杯底部的液体时，难免误以为是水蒸气液化形成的水滴，希望借此打破学生思维的固化，大胆地设想可能的结果。液氧收集路径多样，学生经过讨论后较易得到在液氮中保存液氧的方法，并能利用酒精灯的燃烧情况或其他方法证实液氧的存在，展开合作进行实践。教师此时利用液氧的强顺磁性收集液氧，既富有新意，又能拓宽学生的视野。

续表

教学内容	教师活动	学生活动	学生疑问	活动目标
物体变"硬"了	教师将几片树叶置于液氮中，并向学生提问树叶会发生的变化。用镊子将树叶从液氮中取出，让学生观察其质地，捏碎一片树叶。将一包棉花糖倒入液氮中，并提问学生可能发生的变化。用汤勺将棉花糖捞出，请学生品尝。	猜想树叶可能发生的变化，并观察树叶质地的变化，尝试掰断树叶。根据树叶的变化预测棉花糖会发生的变化，品尝棉花糖，体会其"口感"的变化。	1.树叶为什么变"脆"了？ 2.棉花糖为什么变"硬"了？	该环节中，学生根据前情已经知道树叶取出后依然是干燥的，甚至会猜想树叶会结冰，但是较难想到树叶质地发生的变化。观察现象经过，讨论并得到解释后，学生对物体的质地这一概念会有新的体会，请学生吃冷冻的棉花糖，既营造了轻松的学习氛围，又能使学生形成独特的记忆。
制作冰淇淋	将学生按 2～3 人一组分为多个小组，为学生准备好制作冰淇淋的材料(纯牛奶、白糖、蜂蜜、奶油、多种果酱)，告诉学生液氮质量为原材料质量的30%时制得的冰淇淋口感更佳。指导学生正确使用托盘天平称量材料和液氮。品尝多组学生制作的液氮冰淇淋，并选出较好的一组分享其制作心得。	先将纯牛奶倒入碗中，再加入白糖、蜂蜜、奶油和部分果酱并搅拌均匀，在托盘天平上称出原材料的重量，将液氮小心倒入另一个空碗中，按30%的质量配比称取液氮。一位学生将液氮缓慢倒入碗中，另一位学生轻轻搅拌，直至冰淇淋凝固时停止。品尝冰淇淋的口感并与其他小组交流制作心得。	1.如何选取适量的液氮制作冰淇淋？ 2.将液氮倒入原材料的碗中时，应该如何操作？	该环节给了学生合作构建并交流观点的机会，还涉及多种工具的使用，以及如何在情境中利用数学解决实际问题。冰淇淋在教学中本身便具有趣味性，学生很乐意研究其制作过程，相互合作解决问题对学生而言是很宝贵的一次经历，而且让学生第一次切身体会到了液氮在生活中的应用价值。

续表

教学内容	教师活动	学生活动	学生疑问	活动目标
"冷"与"热"的结合	教师提问：如果将热水倒入液氮中，会发生什么现象？然后将热水壶中的热水倒入液氮中。再提问学生：此时水槽中剩余的物质有什么？	思考教师的问题，观察热水与液氮接触后发生的现象，并猜想水槽中剩余的物质。	1.为什么热水与液氮接触之后会产生大量的"白雾"？ 2.水槽中剩余的物质还有什么？	该环节的视觉效果极佳，现象明显，学生在科学分析其原理后也不易遗忘。作为实验的结尾，能够给学生留下较为深刻的印象。

3. 小结

　　该实验利用液氮展现物态变化是人教版初中物理八年级的教学内容，课本上的实验（例如，探究水沸腾时温度变化的特点）展现物态变化的过程过于缓慢，而且现象不明显，缺乏趣味性。因此，将实验基于 STEM 理念进行拓展和深化改进，希望能够更加直观地让学生"感到""听到""看到"物态变化过程的魅力所在。物态变化作为学生日后学习热学内容的重要基础，虽然看似简单，但其中的原理也并非一目了然，问题探究的空间仍然很大，基于 STEM 理念的实验教学以问题为核心，给了学生探索求知、交流学习的机会。而且学生在学习六种不同物态变化过程中的吸热和放热情况时，由于缺乏足够的感性认识，即使是死记硬背，在学习完这一章节之后依然容易遗忘，对知识的掌握浮于表面。因此，希望通过拓展的液氮实验丰富学生的感性认识，以实际的案例和直观的呈现方式使学生形成物态变化的吸热、放热特点的独特记忆。

二、听话的"小精灵"实验

（一）实验设计

1. 实验原理

　　听话的"小精灵"实验涉及的物理学原理主要是摩擦力，由于展现的作用效果不同而出现了多样神奇的现象。在单根绳索上控制"小精灵"的停止和下落部分中，当绳子处于自然状态时，物体受到的摩擦力小于重力，所以下滑；当绳子处于绷紧状态时，物体间的压力增大，产生的摩擦力增大，此时摩擦力等于重力，物体就可以静止在绳子上。在两根绳子上控制"小精灵"部分中，当拉动右侧的绳子时，右侧绳子与孔的摩擦力增大，左侧绳子与孔的摩擦力减小，所以物体的左侧向上运动；当拉动左侧的绳子时，左侧绳子与孔的摩擦增大，右侧绳子与孔的摩擦力减小，所以物体的右侧向上运动。如此交替拉动绳子，整个物体就会左右摇摆着向上运动。"明日环"魔术的原理是手指捏住环的位置连线，并非环的直径线，而稍微偏向了一侧，这会使得另一侧的重量大于这一侧。在下落过程中，环会紧贴项链，同时向后偏转，对项链施加一个向后的力，项链和环之间的摩擦力也让环翻转的时间延长。当环翻转一周后快到末端时，会从项链微微翘起形成的小孔中钻过去，最终被项链拴住。在"猴子爬绳"实验中，当拉动与小猴下肢连着的绳子时，整个下肢会沿着逆时针方向转过一定角度，同时拉紧下肢与身体相连的橡皮筋，到一定程度时上肢夹住绳子的滑轮就会打滑，带动上肢向上攀爬一小段距离。此时，再松开连着下肢的绳子，让下肢恢复原状，整个猴子就向上攀爬了一段距离。这样，将绳子一紧一松地拉动，猴子就会慢慢向上爬。

2. 实验材料

细绳（50 ～ 70cm）3 条、圆柱形口香糖瓶子、质地硬的纸片、钳子、钉子、酒精灯、卡通人物卡片 4 张、刻度尺、剪刀、透明胶带、长方体纸盒、金属圆环、项链、红色垫片、小猴上身木片、小猴上肢木片 2 个、小猴下肢木片 2 个、橡皮筋 2 根、塑料堵头 12 个、细短金属棒 6 根。

3. STEM 理念的融合

STEM 理念的融合如表 3-3 所示。

表 3-3　STEM 理念的融合

科学 （Science）	技术（Technology）	工程 （Engineering）	数学（Mathematics）
1. 卷纸和细绳之间摩擦力的大小和细绳绷紧程度的关系，摩擦力的大小与压力的关系。	1. 酒精灯的使用。	1. 用钉子给塑料瓶钻孔的操作。	1. 卷纸的半径和宽度，穿孔孔径的大小。

科学 （Science）	技术（Technology）	工程 （Engineering）	数学（Mathematics）
2. 细绳绷紧程度和孔与细绳间摩擦力大小的关系；两边孔与细绳间摩擦力的变化使得"小精灵"上升的动态过程。	2. 安全取用酒精灯上烧热的钉子的方式。	2. 卷纸的剪裁和细绳的穿法，人物卡片的剪裁与装贴。	2. 长方体纸盒前后两面的孔距的差别。
3. 生活实例中的工具如何利用摩擦力。	3. 材料的组装和基本工具的使用。	3. 长方体纸盒的穿孔，细绳的穿法。	3. 小猴上爬材料的组装顺序。
4. 金属环下落至末端被项链拴住的原因。		4. 利用手指间的配合让环被项链拴住。	
5. 小猴向上爬的过程中，上肢与细绳、下肢与细绳之间摩擦力的变化，下肢转动带动橡皮筋拉紧和上肢上爬的动态过程。		5. 合作讨论小猴上爬的过程，以及材料的组合原理。	
6. 杠杆原理。		6. 小猴上爬各项材料的选择和使用。	

（二）教学编排

1. 教学过程

（1）演示单根绳控制的"小精灵"在细绳上的停止与下落，并请学生猜想原理，讨论步骤并动手制作。

（2）演示两根绳控制的"小精灵"在细绳上渐渐上升的过程，再请学生分析原理，讨论步骤并动手制作。

（3）展示生活中可见的利用摩擦力的工具，比如开瓶器、皮带传动，再探究讨论摩擦力的作用效果。

（4）演示"猴子上爬"的模型，引发学生猜想，分组合作进行制作。

2. 基于 STEM 理念的 6E 设计型学习模式

基于 STEM 理念的 6E 设计型学习模式如表 3-4 所示。

表 3-4 基于 STEM 理念的 6E 设计型学习模式

实验部分	听话的"小精灵"		
项目介绍	通过"小精灵"的展示和设计制作凸显摩擦力的作用效果，初步了解摩擦力的应用。		
情境问题和制作任务	1."小精灵"如何做到即时停止？ 2.如何设计和制作一个听话的"小精灵"？ 3.该物理模型在生活中有哪些应用？		
涉及的 STEM 学科知识	科学	摩擦力与压力的关系、瓶子侧面穿孔的位置、该物理模型在生活中的应用。	
	技术	酒精灯的使用、安全取用酒精灯上烧热的钉子的方式、材料的组装和基本工具的使用。	
	工程	用钉子给塑料瓶钻孔的操作、卷纸的剪裁和细绳的穿法，人物卡片的剪裁与装贴。	
	数学	卷纸的半径和宽度，穿孔孔径的大小。	
实验材料、工具	细绳（50—70cm）、圆柱形口香糖瓶子、质地硬的纸片、钳子、钉子、酒精灯、卡通人物卡片 2 张、刻度尺、剪刀、透明胶带		
6E 设计型学习模式			
6E 模式阶段	教师活动	学生活动	设计内涵
参 与	展示"小精灵"在细绳上的停止与下落，引起学生的注意，向学生提问：瓶子内有什么装置？为什么这个瓶子可以在细绳上停止？	观察"小精灵"的运动状态，猜想瓶子内部的结构并与他人展开讨论，初步回顾与摩擦相关的知识。	先以塑料瓶在细绳上可变的运动状态激发学生探索的兴趣和学习动机，让学生参与课堂并推敲其原理；在与他人交流讨论的过程中回顾摩擦力的相关知识。
探 索	教师阐述听话的"小精灵"涉及的物理知识，引导学生对问题进行深入思考，介绍物理模型的概念并让学生在纸面上进行还原，不直接展示其内部结构。	概括教师阐述的概念并据此思考"小精灵"的内部结构及运动状态变化的动态过程，参与建模并画出草图，与小组交流讨论。	首先要向学生介绍物理模型的概念来帮助学生总结研究对象的特点，不直接给学生展示内部结构是为了培养学生的空间思维能力。然后通过合作讨论、头脑风暴等方式促进学生完成对"小精灵"的模型解析。
解 释	向学生系统化地介绍"小精灵"动态过程的原理，重述设计思路，纠正学生概念上的错误，协助学生设计制作方案，最后强调操作上的安全注意事项。	根据教师所述原理，纠正概念上的错误，整理设计思路并解释自己的方案和制作过程，确定选用的工具和材料。	学生在有了初步的想法之后，再更正他们细节或概念上的偏差，能够让他们精细化该实验的流程和原理，从而设计出完整的方案，锻炼学生的逻辑思维能力。

实验部分	听话的"小精灵"		
工　程	在学生制作"小精灵"的过程中给予适当的引导和协助,对学生的操作过程进行质量监控,确保学生的参与度。	通过设计方案选用工具处理材料,包括纸张的剪裁,用烧热的钉子钻孔,零件的组装和工具的使用等。 制作完毕后试用成品,探寻其中的不足。	该环节中,学生根据设计方案将所学知识和技术在实践活动中加以应用,落实到操作之中解决实际问题。
深　化	在可以控制"小精灵"下降的基础上增加难度,展示"小精灵"在两根绳的作用下向上运动的过程,再次向学生提问:为什么这个"小精灵"可以向上运动?与单根绳控制的"小精灵"有什么异同?待学生观察并思考讨论后,请不同的学生发表自己的见解,最后系统地阐述其原理,学生开始动手制作,同样对学生操作的过程进行监控,并进行适当的引导。	仔细观察教师展示的两根绳控制的"小精灵"的运动情况,分析讨论其原理,包括左右两股绳上摩擦力的动态变化,与单根绳控制的"小精灵"进行对比分析异同,最后在纸上先绘制出相应的草图,标注钻孔的位置、穿绳的方向,开始和同伴分工制作,此步骤同样包括工具的使用、纸张的剪裁、钻孔的操作等。	单根绳与双股绳涉及的原理同样都是摩擦力,但是却有不同的作用效果。因此,选用双股绳控制的"小精灵"作为拓展,学生理解了其中两根绳上的摩擦力大小动态变化的过程之后,能够在工程设计的基础上深化对摩擦力的理解;对于第二种"小精灵"的制作,学生需要考虑绳子的穿向等问题。因此,让他们先在草图上模拟,再动手操作,避免操作上的盲目性。
评　价	教师首先让各组学生展示他们的作品,并让展示的学生说说自己的收获,以及在制作过程中遇到的问题,还有对摩擦力的新的理解。引导学生进行自我评价,以及对其他组的成果进行评价。最后由教师总结此次实验的流程,可以表扬此次实验活动中积极参与的学生,并对表现不太好的学生加以鼓励。	展示作品,并阐述自己遇到的一些问题,以及实验过程的心得体会,听取其他小组和教师对自己的评价和分析,总结不足之处;与教师一起回顾两种不同的"小精灵"实验过程中涉及的摩擦力的作用原理,强化理解与记忆。	让学生进行作品展示给了学生表现能力的机会,并能够让每一组的学生都能够在他人发表自己心得和看法的时候回顾自己的制作过程,有哪些地方是没有注意到的。在实验过程中表现积极的学生能得到较高的评价,使得他们的能力得到大家的肯定,有助于丰富学生的成功体验。

续表

实验部分	听话的"小精灵"		
评 价	复述渗透在操作过程中的实验原理,回顾摩擦力的作用效果。		最后对实验过程进行回顾,有助于学生强化对实验原理的理解和记忆。

3. 小结

该实验利用听话的"小精灵"展现摩擦力的效果,是人教版初中物理八年级的教学内容。课本上的实验意在让学生感受到摩擦力的存在,并通过探究压力和粗糙程度对滑动摩擦力的影响让摩擦力的概念更加具体。为了更加清晰地凸显摩擦力的作用效果,而不是停留在概念上,就基于 STEM 理念做出了一定的拓展,希望借此发散学生的思维,让学生亲历设计、制作、评估、改进等过程,在解决实际问题的过程中实现整合学习。听话的"小精灵"乍一看就像是一个简易的玩具,但其中所包含的力的动态变化过程原理如果得到翔实的剖析,那么对学生而言是获益良多的,挖掘其内在的教学价值,并设计为一堂具有协作性、体验性的课是一次可行的尝试。该实验的教学目的是让学生的意识不要停留在感性分析的层面,而是从玩乐心态思考深入到更理性地分析和看待其过程。在教学设计上选择了 6E 教学法是出于系统性的考虑,为了在 6E 教学模式的不同环节中给学生以层次感的学习体验,教师需要考虑的是如何吸引学生的眼球构建情境,给学生安排多少操作空间,并对该教具进行怎样的拓展,其实可以选择的方式是非常自由的,再联系生活实际,将"小精灵"原理在生活用具上进行表达,如开瓶器、传动皮带等。在设计该节课时,同样要从整体上把握 STEM 课程的设计原则,做到每一步都在主题的范围之内,保证课堂内容的完整性和统一性。

三、"魔壶"与"魔杯"实验

(一)实验设计

1. 实验原理

"魔壶"与"魔杯"实验涉及的原理主要是大气压强和虹吸原理。"魔壶"的原型来自古代的"两心壶",在壶内有两部分的空间,每一部分都用堵盖封住，在堵盖的一边设一个通道通往外界，通道上方还设有一个挡碗。在往壶中倒入不同的液体时，液体不会发生混合。在倒出液体时，只要用手堵住其中空间的一个小孔，这个空间内的水由于大气压强的作用无法倒出，而另一个空间里的液体由于空气畅通，能够倾倒而出，这样就可以选择堵住不同的小孔倒出不同的液体。"魔杯"的原型则是古代的公道杯，它运用了虹吸原理。虹吸是一种利用液面高度差的作用力现象，实质上是液体压强和大气压强共同作用的结果。管内最高点的液体在重力的作用下向低位的管口处移动，在 U 形管的内部产生负压，导致高位管口的液体被吸进最高点，形成了虹吸现象。

2. 实验材料

塑料瓶、吸管、热熔胶枪、剪刀、两心壶、不同色彩的颜料、酒精灯、钉子、钳子、透明的一次性塑料杯、胶水。

3. STEM 理念的融合

STEM 理念的融合如表 3-5 所示。

表 3-5　STEM 理念的融合

科学（Science）	技术（Technology）	工程（Engineering）	数学（Mathematics）
1. "两心壶"的作用原理、内部构造和背景故事。 2. 单个塑料瓶模型的作用原理、设计思路。 3. "两心壶"原理和塑料瓶模型原理之间的关系。 4. "公道杯"的作用原理、内部构造和背景故事。 5. 公道杯模型的设计思路。	1. 酒精灯的使用。 2. 安全取用酒精灯上烧热的钉子的方式。 3. 热熔胶枪的使用方法。	1. 用钉子给塑料瓶钻孔的操作。 2. 用热熔胶枪填补瓶身空隙。 3. 将两个塑料瓶模型组装成简易"两心壶"。 4. 用钉子给塑料杯钻孔的操作。 5. 用热熔胶枪填补杯底的空隙。	1. 塑料瓶穿孔的数量和孔径的大小。 2. 吸管伸入塑料瓶内的长度设置。 3. 塑料杯内吸管的高度和杯高的关系。

（二）教学编排

1. 教学过程

（1）利用自制的简易"两心壶"倒出不同颜色的液体，请学生进行初步猜想构思。

（2）在播放古代"两心壶"的视频介绍后，给学生讲述其背景故事和由来。

（3）展示"两心壶"的单个塑料瓶模型，并演示实验现象，引发学生思考并配合板书讲解。

（4）介绍塑料瓶模型的制作要点，并让学生动手制作简易"两心壶"。

（5）演示公道杯的实验现象后，再展示简易模型，配合板书讲解其背景和原理。

（6）介绍公道杯模型的制作要点，并让学生动手制作简易"公道杯"。

2. 基于 STEM 理念的 6E 设计型学习模式

基于 STEM 理念的 6E 设计型学习模式如表 3-6 所示。

表 3-6　基于 STEM 理念的 6E 设计型学习模式

实验部分	"魔壶"与"魔杯"实验		
项目介绍	通过"魔壶"与"魔杯"的展示和设计制作，凸显大气压强以及虹吸原理的作用效果。		
情境问题和制作任务	1. "魔壶"如何做到倒出不同的液体？ 2. "魔杯"什么样的内部构造能让倒进去的水消失无踪？ 3. 如何设计和制作简易的"魔壶""魔杯"物理模型？		
涉及的 STEM 学科知识	科学	"魔壶"模型的作用原理、"魔杯"模型的作用原理。	
	技术	酒精灯的使用方法、安全取用酒精灯上烧热的钉子的方式、热熔胶枪的使用方法。	
	工程	用钉子给塑料瓶钻孔的操作、用热熔胶枪填补瓶身空隙、多个塑料瓶模型的组装。	
	数学	穿孔的数量和孔径的大小、吸管伸进塑料瓶内的长度、半截吸管顶部的高度。	
实验材料、工具	塑料瓶 2～4 个、吸管 5～9 根、热熔胶枪、剪刀、两心壶、不同色彩的颜料、酒精灯、钉子、钳子、塑料杯、胶水		
6E 设计型学习模式			
6E 模式阶段	教师活动	学生活动	设计内涵
参　与	展示"两心壶"倒出不同颜色液体的小实验，作为课堂的引入，引	观察教师手中的"两心壶"，以及实验现象，猜想壶内的结构并与他人展开讨论。	先以造型别致的"两心壶"和现象明显的小实验吸引学生的注意力，

续表

实验部分	"魔壶"与"魔杯"实验		
参 与	起学生的注意，并试探性地提问：这个壶里面有什么奥秘？为什么两次倒出的液体颜色不同？		引起学生的探索兴趣，让学生进入状态，初步对"两心壶"原理进行推敲。
探 索	教师通过视频介绍"两心壶"的由来并讲述其背景故事，然后拿出单个塑料瓶模型，展示其控制水流进出的作用，并向学生提问：为什么按住一边的吸管，另一边的吸管就不再出水了？	观看视频，了解"两心壶"的历史，并聆听教师讲述的背景故事，然后观察实验现象，结合当前学习内容，思考其作用原理。	首先通过科普性质的视频对所执教具的由来进行叙述，再结合背景故事让学生真正进入课堂情境中，由于学生难以直接猜想出"两心壶"的内部结构，教师可以先借助单个塑料瓶模型讲解其中的部分原理。
解 释	结合大气压强的学习主题，给学生讲解塑料瓶模型的作用原理，重述设计思路，纠正学生概念上的错误，协助学生设计制作方案，最后强调操作上的安全注意事项。	根据教师所述原理纠正概念上的错误，观察教师所执的塑料瓶模型，整理设计思路和制作过程，确定选用的工具和材料。	在学生有了一定思考的基础上，告诉学生塑料瓶所涉及的大气压强的原理，能够使他们对大气压强有全新的认识，让学生先观察所执教具，再讲述设计思路和制作所用的工具，能够让学生对当前教具有更系统性的理解。
工 程	在学生制作单个塑料瓶模型的时候给予适当的引导和帮助，确保学生使用热熔胶枪和钻孔操作的安全性，最后让学生将两个塑料瓶模型用胶水进行组装，还要监控整个流程以确保学生的参与度。	通过教师讲解的钻孔方法，用烧热的钉子给塑料瓶钻孔，然后将吸管按要求插入塑料瓶内，并以热熔胶枪封住空隙，制作完两个塑料瓶模型之后用胶水将其组合起来，形成简易的"两心壶"模型。	在操作环节，学生会遇到很多问题，需要教师全程把控实验的正确走向和安全性，最后让学生将两个塑料瓶组装起来是为了还原引入课堂的"两心壶"，既让学生在潜移默化中明白了"两心壶"的原理，也让学生有了顿悟的体验。

续表

实验部分	"魔壶"与"魔杯"实验		
深化	在完成"魔壶"的实验环节之后，再演示"魔杯"的实验现象并简单讲述其使用背景，向学生提问：通过刚才对"魔壶"原理的学习，你对眼前的"魔杯"原理有什么想法呢？待学生观察并思考讨论后，请不同的学生发表见解，最后结合板书阐述其原理，拿出简单的塑料杯模型让学生观察，并让学生开始动手制作，同样对学生操作的过程进行监控，并进行适当的引导。	观察教师所演示的"魔杯"实验，聆听其使用背景，同时结合压强的知识思考"魔杯"的作用原理并大胆发表意见，在教师系统讲述虹吸原理时认真听讲并做好笔记。观察教师所执的塑料杯模型，并和同伴合作动手制作该模型。	"魔杯"的实验原理同样是压强的知识，因此作为"魔壶"的深化和拓展是非常合适的，而且其原理并非一目了然，给了学生一定的思考空间，"魔杯"模型的制作同样能够在工程设计的基础上深化学生对压强的理解。
评价	教师首先让各组学生展示他们制作的"魔壶""魔杯"模型，让展示的学生说说自己的收获与在制作过程中遇到的问题，以及对压强作用的全新理解。引导学生进行自我评价，以及对其他组的成果进行评价。最后由教师总结此次实验的流程，可以表扬此次实验活动中积极参与的学生，并对表现不太好的学生加以鼓励。复述渗透在操作过程中的实验原理，回顾压强的作用效果。	展示作品，并阐述自己遇到的一些问题，以及实验过程的心得体会，听取其他小组和教师对自己的评价和分析，总结不足之处；与教师一起回顾实验过程中涉及的压强的作用原理，强化理解与记忆。	让学生进行作品展示给了学生表现能力的机会，使每一组的学生都能够在他人发表自己心得和看法的时候回顾自己的制作过程，有哪些地方是没有注意到的。在实验过程中表现积极的学生能得到较高的评价，使他们的能力得到大家的肯定，有助于丰富学生的成功体验。最后对实验过程进行回顾，有助于学生强化对实验原理的理解和记忆。

3. 小结

该实验利用"魔壶"与"魔杯"展现大气压强的神奇效果是人教版初中物理八年级的教学内容。原本教材中的实验较为基础，仅用覆杯实验证明了大气压的存在，并以图示介绍了大气压强计的工作原理，缺乏趣味性。为了让学生能更敏感地察觉到大气压强产生的作用，而不是只停留在其存在的概念上，就将该实验作为初中物理大气压强部分的深化与拓展。该创新实验的设计灵感来源于古代宫廷中的用具——九曲鸳鸯壶以及九龙杯。紧扣培养目标，挖掘宫廷用具中潜在的教学价值，是具有艺术性的设计尝试。从某种意义上来说，用具的选择本身已经体现了 STEM 教育中的跨学科性。对于物理教学而言，学生看到的常是经过加工处理的特殊的物理模型，与宫廷用具产生实验上的联系能够给予学生特殊情境性的学习体验，而紧扣设计原则逐步解开宫廷用具的神秘性和特殊用途。对于学生而言，就是一次难忘的学习经历。实验的设计并不是一定要用到多么高深的新科技产品，恰到好处的复古也是一种有意义的创新。

该实验真正的学习内容是隐藏在宫廷用具背后的虹吸原理和压强知识。为了循序渐进地开展教学，在设计上采用 6E 教学法，在紧扣原则下设计的情境创设和动手操作环节最后才真正解开宫廷用具的原理，给学生以顿悟的效果，体现了 STEM 教育的实证性。学生在此前已经学会大气压强的基本知识点，能够分析简单的物理现象，如装满水的杯子覆盖上纸张之后倒放纸张不会下落，类似这样直观体现大气压强作用的实验。在他们的脑海里最普遍存在的印象即是大气会从压强高的地方流向压强低的地方，并借此来解释日常生活中简单的现象，如拔火罐、吸管等。但当学生遇到与大气压强相关、呈现方式又不直接的实验现象时，依然难以剖析其中的原理。因此，还是需要一定的实验来活跃学生的思维，使他们学会在实际情境之中做出理性的判断。

四、神奇的"水透镜"

（一）实验设计

1. 实验原理

水透镜能够不断改变焦距是因为可以利用注射器控制其内部水量，不断改变其两个表面的凹凸程度。大型水透镜由于薄膜内注水后向下凹陷，但水面是水平的，形成了一个大型的凸透镜，因此具有汇聚阳光热量的作用。

2.实验材料

有机玻璃管、塑料薄膜、剪刀、三线半导体光源、保鲜膜、细长的塑料软管、注射器、刻刀、胶带纸、自行车轮胎圆形钢架、铁支架、夹子若干、卷尺或米尺、AB 胶、墨镜、大型量杯。

3. STEM 理念的融合

STEM 理念的融合如表 3-7 所示。

表 3-7 STEM 理念的融合

科学（Science）	技术（Technology）	工程（Engineering）	数学（Mathematics）
1."露水"中蕴含的透镜原理。 2.水透镜的内部结构和作用原理。 3.大型水透镜的作用原理。	1.刻刀以及测量工具等基本用具的使用。 2. AB 胶的使用。 3.铁架台高度的调节。	1.用三线半导体光源和米尺测水透镜焦距。 2.水透镜的制作和组装。 3.大型水透镜的注水和组装。 4.大型水透镜焦距的测量。	1.水透镜的焦距。 2.大型水透镜的焦距。 3.大型水透镜设置的高度。

(二)教学编排

1.教学过程

(1)利用三线半导体光源展示水透镜的聚光作用和散光作用，并请学生观察、思考其作用原理。

(2)将保鲜膜覆在有机玻璃管的两端，尽量将其表面处理平整，用胶带纸封住。

(3)用注射器向有机玻璃管内注水，调配 AB 胶。

(4)将细长塑料软管接入有机玻璃管的侧面，并用 AB 胶封住空隙，将注射器的头部接入塑料软管的另一端。

(5)利用注射器调节水透镜表面的凹凸程度，并使用三线半导体光源和米尺测量水透镜的焦距变化范围。

(6)调节铁架台的高度，将大型水透镜架起，并往其中注水。

(7)佩戴墨镜测量大型水透镜的焦距。

2. 基于 STEM 理念的 6E 设计型学习模式

基于 STEM 理念的 6E 设计型学习模式如表 3-8 所示。

表 3-8 基于 STEM 理念的 6E 设计型学习模式

实验部分	神奇的"水透镜"		
项目介绍	通过"水透镜"的展示和设计制作模拟人像成像的原理,再通过大型水透镜展现凸透镜的特性。		
情境问题和制作任务	1.水透镜为何能连续改变焦距?焦距如何测量? 2.大型水透镜为何能让纸张燃烧起来? 3.如何设计和制作"水透镜"。		
涉及的STEM 学科知识	科学	生活中隐含的透镜、水透镜聚光散光原理、水透镜的组装思路、测量大型水透镜焦距的方法和注意事项。	
	技术	基本工具的使用、AB 胶的使用、铁架台高度的调节方式。	
	工程	保鲜膜在有机玻璃管上的处理、塑料软管的拼接、水透镜焦距的测量。	
	数学	有机玻璃管内的注水量、AB 胶的调配量、水透镜的焦距变化范围、注射器的储水量、铁架台的高度、大型水透镜的注水量。	
实验材料、工具	有机玻璃管、塑料薄膜、剪刀、三线半导体光源、保鲜膜、细长的塑料软管、注射器、橡皮筋、刻刀、胶带纸、自行车轮胎圆形钢架、铁支架、夹子若干、米尺、AB 胶、墨镜、大型量杯。		
6E 设计型学习模式			
6E 模式阶段	教师活动	学生活动	设计内涵
参 与	结合图片和视频展示"露水"这一生活中的透镜,结合人眼成像原理,用三线半导体光源分别展示水透镜对光线的会聚和发散作用。	观察教师展示的"露水"这一生活中的透镜,思考其属于哪一种透镜,作用原理如何,观察教师所执水透镜对光线的会聚和发散的作用并思考。	"露水"是生活中的寻常之物,将其与学生当前学习的透镜联系在一起,会给他们新奇的感觉,水透镜既能聚光也能散光,能够引发学生的注意和探索兴趣。
探 索	教师让学生观察水透镜的组成方式和三线半导体光源在该实验中的作用,提问学生:水透镜如何做到焦距的改变?如何判断焦距的长度?	仔细观察教师展示的水透镜内部构造和使用的材料,初步推断其制作过程,并思考其作用原理和判断焦距长度的方式,回答教师的问题。	让学生仔细观察水透镜的内部构造而不先告诉他们作用原理是为了给学生思考推敲的空间,让学生自己判断焦距的长度,可以检验学生先前知识的学习程度。

续表

实验部分	神奇的"水透镜"		
解　释	结合凸透镜和凹透镜的特性给学生讲解水透镜的作用原理和设计思路，讲述所用到的材料和工具，强调操作上的注意事项。	根据教师讲述的特性再次观察水透镜，回顾凸透镜和凹透镜的特性，整理教师所述的设计思路、制作过程以及需要注意的细节。	在学生有所思考之后，再系统讲述透镜原理在所执水透镜上的应用，是为了让学生清晰水透镜相比普通透镜的优势。由于水透镜的制作过程有较多的细节处理，所以教师在制作之前就要强调需要注意的地方。
工　程	在学生覆盖保鲜膜时重申平整的细节，让学生分工合作分别注水和调配 AB 胶，并实时监控后续的制作、拼接组装过程，帮助学生调整细节上的失误，确保学生的参与度。	开始动手制作水透镜，仔细按照顺序进行各个步骤，聆听教师重申的细节，分工合作完成拼接组装、注水的过程。	本环节中，保鲜膜覆盖在有机玻璃管两端的平整细节是水透镜成败的关键一步。因此，教师在该步骤中要重申细节，学生分工处理透镜的组装可以提高效率，以及学生的配合能力。
深　化	让学生使用三线半导体光源以及米尺测量制作的水透镜的焦距范围并记录下来，引导学生到阳光下组装大型水透镜，注水后戴上墨镜用卷尺测量焦距，并根据不同注水量计算多组焦距。	根据教师的要求使用三线半导体光源和米尺测量水透镜的焦距，调节大三角铁架台的高度，架起水透镜，用大型量杯记录注水量，并戴上墨镜测量水透镜的焦距，改变注水量，得到多组数据。	让学生测量所制作水透镜焦距的过程就是水透镜透镜特性的应用过程，同时是人眼成像的模拟过程，让学生到户外组装大型水透镜给了他们愉悦开放的学习体验，还在焦距的多组数据测量中巩固了知识，之所以让学生戴上墨镜，是为了防止阳光过强对眼睛造成伤害。
评　价	教师首先让各组学生展示他们制作的水透镜，让展示的学生说说自己的收获，在制作过程中遇到的问题，以及对人眼成像和透镜特性的全新理解。引导学生进行自我评价，以及对其他组的成果进行评价。最后由教师总结此次实验的流程，可以表扬此次	展示作品，并阐述自己遇到的一些问题，以及实验过程中的心得体会，听取其他小组和教师对自己的评价和分析，总结不足之处；与教师一起回顾制作流程，以及实验过程中涉及的透镜特性、人眼成像原理，强化理解与记忆。	让学生进行作品展示给了学生表现能力的机会，并能够让每一组学生在他人发表自己心得和看法的时候回顾自己的制作过程，有哪些地方是没有注意到的。在实验过程中表现积极的学生能得到较高的评价，使得他们的能力得到大

续表

实验部分	神奇的"水透镜"		
评 价	实验活动中积极参与的学生，并对表现不太好的学生加以鼓励。引导学生回顾制作过程，重申人眼成像原理。		家的肯定，有助于丰富学生的成功体验。最后对制作过程和实验过程、实验原理进行回顾，有助于学生系统地整理方案，强化理解。

3. 小结

该实验利用可变焦"水透镜"的制作，直观形象地演示了晶状体凸度的连续性变化，是人教版初中物理八年级的教学内容。在现行的初中物理教材中，人眼成像原理的课程内容由于受条件的限制，难以对人眼晶状体变焦调节进行模拟。因为实验室配备的透镜往往都是固定焦距的，所以设计该实验加深学生对人眼成像、近视远视的理解，希望融合 STEM 理念的创新实验能够培养学生的操作能力，提高学生的科学素养，切实解决教学中的难点问题。该创新实验的设计既是为了给学生实况展现课本上的内容，也是为了补足实验室材料的局限性。实验设计的灵感来源是弹性薄膜的延展性，为了完成加水的特殊"透镜"、挖掘潜在的教学价值并将其应用于合适的学习主题之中，就需要在制作和学习之间做出合适的权衡。考虑 STEM 理念实验的设计原则，在进行实验整体的设计时就要合理安排实验不同环节的重心，在动手制作小型水透镜的环节之后设置户外的大型水透镜实验过程，是基于开放性的考虑。因此，该实验设计的教学方法选用了系统化的 6E 教学法。以水作为特殊透镜的"闪光点"是实验趣味性的主要来源，因此教师在设计应用时要始终把握整体氛围的情境性，在实验的不同进度中使得学习主题有不同层次的体现，比如学生在调节水量并借助实验室光源时明白眼球的模拟成像过程，在大型水透镜的会聚作用下看到具体焦距的逐渐变化，等等。

五、课堂实例展示

笔者的教学实践在湖南省长沙市某市属公办完全中学初中学段施行，利用创新设计之后的物理实验紧跟教学进度，对初二年级 6 个班依次实施教学。该校学生的学习基础较好，物理的学习能力强，操作能力有很大的提升空间。考虑物理实验本身就富有趣味性和情境性，能够激起学生的热情和兴趣，因此期待教学能够借助工程思想理念让学生在创新和设计能力方面得到有效的锻炼。在师资方面，由初中物理教研组的一名物理教师、一名 STEM 校本课程开发教师和笔者共同担任备课、授课教师，这两位教师在业内有资深的水平和丰富的教学经验，在创新设计和完善物理实验教学方案时给予了很多指导。以下展示其中的一个课堂实例。

【课堂名称】"魔壶"与"魔杯"

【学习主题】大气压强

【教学地点】物理实验室

【教学对象】初二年级学生

【教学目标】深化学生对大气压强的感性认知，学会在实际情境中利用已有知识进行有效分析，激发学生对于物理探索的兴趣，以及教会学生对一系列工具的使用，给予操作的空间和机会，培养学生活跃的物理思维。

【授课用具】塑料瓶 2～4 个、吸管 5～9 根、热熔胶枪、剪刀、两心壶、不同色彩的颜料、酒精灯、钉子、钳子、塑料杯、胶水、透明塑料杯 2 个。

【课时设置】2 课时

【课堂流程】

第一课时：

开始上课，教师拿出提前准备好的"两心壶"，引起学生的注意，并拿出两个透明的塑料杯，说道："现在大家都看到了我手里拿的这个'不明物体'了吧。大家看一看它跟一般的容器有什么不一样的地方？"

教师在两个塑料杯中倒入不同颜色的液体之后，学生纷纷露出疑惑的目光，教师继续说道："刚才有部分同学已经猜到了我会倒出不一样的水。现在老师请大家大胆猜想一下，为什么我能够倒出不同的水呢？"

学生开始了小声的议论，并举手回答教师的提问，有的说是杯子里面放了一些化学原料，发生了化学作用，所以倒出的水不同，有的说是这两种水不相容分为上下两层，所以倒出来不一样……

教师：同学们的猜想很多在条件允许的情况下是成立的，今天老师之所以能倒出不同的水，不妨告诉同学们，奥秘就在这个壶上，这个壶到底有什么来头呢？接下来我们一起来看看。

教师为学生播放"两心壶"由来的视频，其内容主要介绍了"两心壶"诞生的朝代，以及在生活中用到的功能，随着朝代的更替有着不同的功能侧重。

学生认真观看视频，了解"两心壶"这一教具的历史和背景，随后教师再讲关于"两心壶"的小故事，让学生渐渐进入情境之中。

教师：现在大家知道了这个"两心壶"的由来和相关的背景故事，大家最好奇的就是"两心壶"内部构造究竟是什么样的呢？老师先卖个关子，我们先借助一个简单的物理模型，看看能不能找到一些线索。

教师拿出单个的塑料瓶模型，说道："大家现在看到我手里拿了一个样貌无奇的塑料瓶，然后在两边还各插有一根吸管，这个塑料瓶可以做什么呢？现在老师就让大家看一看。"

教师从塑料瓶中倒出水来，随即悄悄用手按住另一边的吸管，只见水流戛然而止，细心的学生就会发现教师悄悄按住了另一边的吸管，并说出来。

教师：刚才有些同学发现了我按住这一边吸管之后就不出水了，那现在大家一起想一想，为什么会这样呢？给大家1分钟时间，小组讨论一下。(学生开始讨论)

讨论完毕后，教师请学生发表意见，其中不乏有说得对的。

教师：很不错，有几位同学已经得到了正确答案，接下来老师系统地给大家分析一下这个动态过程……

教师：现在大家都了解了这个原理，接下来我们一起动手制作这个塑料瓶模型，我们每组同学做两个，接下来我说说具体的制作流程和注意事项……

学生开始动手制作，教师全程监控制作过程，尤其是热熔胶枪的使用，要防止学生出现安全问题。

现在大家基本做完了这两个塑料瓶模型，它们还会有什么作用呢？大家稍加休息，我们下一节课继续。

第二课时：

我们上一节课做了两个塑料瓶模型，现在老师要大家做的事情很简单，用胶水将这两个塑料瓶的一端吸管口粘在一起，然后将它们的瓶身也粘在一起。

学生按照教师的要求开始动手实践。教师继续监控该过程，确保学生的参与度。

操作完毕后，教师说道："现在大家已经把两个塑料瓶粘在一起了。大家可以看到，只要我们想要哪一边的水倒出来，按住另一个瓶子的通气吸管就可以了。现在大家再一起来思考一下，为什么'两心壶'能够倒出不同的液体呢？"

学生经过一番思考之后，恍然大悟，纷纷回答道："因为'两心壶'里面不是只有一个空间。"

教师：大家很聪明，都猜到了这一步，没错，两心壶的内部确实不是只有一个封闭的空间，而是两个空间，它们是相互隔离的。那"两心壶"对应的两个通气孔在哪里呢？大家仔细观察一下它（教师下去展示"两心壶"的两个通气孔）。教师回到讲台说道："由此可见，我们借助塑料瓶作为物理模型认识'两心壶'的内部原理是不是非常清晰也非常方便呢？今天，老师在'魔壶'之后，还准备了一个'魔杯'。"随即教师拿出公道杯，说道："这个'魔杯'有什么神奇之处呢？老师也先倒点水进去吧。"

倒少量的水进去之后，教师说："现在大家还没看到这个杯子有什么奇怪的地方，我再倒一点水进去，大家看看有什么不同。"教师随即再倒入一些水，只见杯子里所有的水都消失不见了。

学生纷纷发出疑问，教师随即说道："大家现在都在猜水为什么消失了，首先我们要来认识一下这个'魔杯'。"

教师播放公道杯的介绍视频，包括其历史背景和由来，并讲述其涉及的故事。

学生在听完故事之后，再次发问："那为什么杯子里的水不见了呢？"

教师拿出公道杯简易模型，说道："现在老师拿这个简单的透明模型再给大家演示一遍。"（教师再次向模型杯里倒水，只见水从杯子底部漏出）

学生：原来水是漏到下面去了，但是为什么水加多了就漏下去了呢？

教师：同学们都疑惑为什么水会漏到下面去了，明明没有东西在里面对水起作用，水是怎么漏下去的呢？这就涉及我们今天要学习的虹吸原理。然后，教师配合板书的讲解细述虹吸原理和杯子漏水的过程。

教师一边讲解一边解答学生的疑惑，讲解完再次发问："同学们还有哪些存疑的地方，大胆举手提出来。"

部分学生举手发问后，教师回答其问题，并进行系统性的重申。

教师：现在我们都知道了公道杯的原理，我们今天就自制公道杯。然后，教师详述简易公道杯的设计思路，以及制作中需要注意的地方。

学生开始制作简易公道杯，教师监控全程，并适时提供引导和帮助。

待学生制作完毕后，教师说道："刚才大家在制作过程中遇到了哪些问题呢？可以分享一下。"待学生回答完毕后，教师再发问："现在老师请同学来总结一下，两心壶和公道杯的原理都是什么？它们有哪些共同点呢？"

学生分别回答两心壶和公道杯的原理，指出其共同点是都有压强的作用。

教师对学生的说法进行适当的补充之后，请几位表现优异的学生上来展示他们的作品，说说上课的体验和心得。随后教师对其他学生进行鼓励，并总结课堂。

【课堂总结】

基于 STEM 理念设计实验的课堂氛围非常活跃，以古色古香的宫廷用具作为课堂开篇引发学生极大的好奇和探索欲望，在用两心壶倒出不同颜色的液体时，有部分学生能够猜到实验的结果，却不能直接明白其中的原理，有的非常好奇想要细致地观察两心壶，有的甚至会从化学的角度出发思考是不是杯子中有特殊的物质……因此，有了展示的效果和两心壶的别致造型，使得情境的构建较为容易，此时教师卖个关子让学生保持好奇心和高涨的学习热情，之后初步了解两心壶，学生的学习动机就被循序渐进地调动起来了。由此可见，基于 STEM 理念设计的实验能够使课堂氛围处于很好的水平，同样能使学生在设计型教学环节中渐入佳境。此后，为了利用好学生的好奇心逐步设计课堂流程，并不直接向学生陈述宫廷用具的原理，而是借助物理模型及实践操作，让学生亲历理论和实践相统一的课堂，整个课堂显得完整而活络，是考虑了 STEM 理念课程的体验性和协作性，并解放学生的双手和大脑。最后，教师让学生从亲手制作的物理模型再回到宫廷用具的原理上来，学生经过逻辑的推理和对两心壶的细致观察，就能够将所制作的物理模型的作用效果和真正的原理联系起来，给他们恍然大悟的感觉，高度体现了 STEM 课堂的关联性以及实证性，整个课堂总体来说是开放而完整的，既在规定情境之中，又不乏创新性。

六、教学反馈

基于 STEM 理念创新设计实验的课堂实践，是在几位资深物理教师和 STEM 课程开发教师的指导和听课中进行的，课堂效果和氛围营造都非常好。在课后与部分学生就当堂学习体验进行交流，大部分学生表示很有乐趣，自己完成设计和制作很有成就感，还能和其他学生一起合作解决问题，有几位动手能力强的学生甚至表示可以适当加入更高难度的制作环节，以丰富课堂的成效展示。以下记录了与 STEM 课程开发教师的访谈过程，该教师有 30 年以上的物理实验教学经验，担任该校 STEM 课程开发的指导教师。

（1）您认为基于 STEM 理念开发设计的物理课程或实验主要是培养学生什么能力呢？

实施 STEM 教育理念的物理课程最希望培养学生的形象思维能力。物理是一门自然科学，要研究的是物质世界的基本结构、相互作用，还有运动规律等。当然，实验手段、思维方法也是物理学习的一环。物理这门学科在初中阶段有大量的物理现象，之所以设立这么多物理现象是为了给中学生的大脑提供一种形象思维的模型，这种模型可以激发学生学习物理的兴趣，学生学习书本上的知识有些会忘记，但是眼睛看到的实物一般是不会忘记的，这就是形象思维的好处。用这种方法去教学，去教物理实验，学生能真正学到东西，记住重要的东西。

（2）您认为新教师在物理教学中要贯彻 STEM 理念的话，应注重哪些方面呢？

开展 STEM 教育理念的物理教学就是要让学生觉得学习是一种享受的过程，感受到越学越聪明，要体现原来物理学科是把人变聪明的学科。实验本身就是物理特殊的教学方式，也是体现素质教学及高效课堂有效的方法，STEM 教育和实验融合也是一种新的、重要的教学方式，我现在说个故事你听听：一个领导让工厂里的采购员去买"木螺钉"，那个采购员在外面跑了一天都没有买到，最后回到厂里说跑遍了所有的五金店都没有买到"木螺钉"。你知道为什么吗？这个采购员以为"木螺钉"就是木头做的螺钉，他这样找肯定是找不到的，木螺钉根本就不是木头做的，他为什么会犯错？就是因为他潜意识里觉得木螺钉就是木头做的，所以眼见为实，学物理也是一样的。你们在教物理的时候，首先要让学生爱上物理这门学科，不能让他们觉得学物理是在遭罪，还有要教学生那些生活里面真的用得到的知识和技能，让他们养成良好的思维习惯。目前，实施的这些 STEM 教育的实验对学生的创造性提升是很有帮助的，这些经验都是应该落实在物理教学中的。这样，学生才能有扎实的功底，既能考出高分，又能有良好的操作能力。

（3）之前设计的 STEM 理念的实验案例里面有一些是偏向教具制作类的实验，您对这类实验有什么看法呢？

用物理实验培养学生的创新能力，这是我们做实验的一种追求，物理学科还能培养学生在日常生活中动脑动手的能力，这是创新能力的一种方式，要做好物理教育，就得坚持开展课题，做好实验准备，平时我们说这个实验怎么做，这是知其然，说这个实验为什么这么做，这是知其所以然，这个实验还可以怎么做，这叫知其所尽然，自制教具的灵活性很强，你又要构思选材，又要创意策划，在这个过程中时间也有可能不确定，主要是材料方面的不确定，有时边做边思考，达不到实验要求还要停下来修改。对于同一个课题，灵活性还体现在它的表达形式上，比如我们在动量守恒定律这个实验仪里面，就有很灵活的教学手段。在研制的时候，各个球都是可活动、可取出的，大小不一样，质量也不一样。这个实验仪是经过很多次实验调整成的，选最好的摆长和球的大小配合，在演示探究碰撞不变量关系的实验中是特别好用的仪器，工业品和这个是没得比的。在新课程里，也提倡广大教师和学生参与制作、使用自制教学仪器。

（4）可以说说您听完我这堂课（"魔壶"与"魔杯"）的感受吗？

总体来说，课堂的氛围是好的，STEM 理念的工程部分，可以说是到位了，学生肯跟着教师去做这两个东西，肯学，就是好的，但是学生有没有具体真的理解，教师后面才会知道，不过作为一种教学尝试是很好的。本来现在我们国家的 STEM 教育在物理这一块就很需要你们这些新老师来做这个事，学生很愿意看你们拿一节有趣的物理课来上，他们自己听着都舒服，他们也很愿意去做那些实验，只是学生的机会真的很有限。还有，你们这些刚开始教书的老师，一定要学会形成自己的教学方法，这一节课的 STEM 目标我都看了，你也是按照那上面的来设计这个课的，你最大的需要改进的地方是，要把这个东西变成你自己的教学方法，每一个教了很久的老师都觉得自己的教学方法是成功的，但是有没有效果就是在教的过程中打的这些基础，如果在平时就用很好的理念去教学生，时间长了教学方法自然就是效果好的。

以上是访谈的记录，经过这一次的教学实践，笔者对物理教师的施教理念有了更多的想法。正如这位教师所言，物理应该是一门将人变聪明的学科，教师之所以将 STEM 理念融入物理实验教学，正是因为传统的物理课程确实还有很大的提升空间，对教师来说这应该作为新的思路，也是新的挑战。如果有更多的新、老物理教师一起投入 STEM 理念的教学模式，对物理教学中把实验还给学生的呼声应该就不只是一句口号了。现今，STEM 教育理念和国内的物理教学融合有很多的尝试，如校本课程、创客教育……这些好的教学尝试都应该得到更多家长和社会的支持，这位教师让我辈教师以好的科学、工程理念融入自己的教学理念之中，将物理课程变得更趣味化，让学生欣然接受物理的课堂教学，是值得笔者在日后的教学工作中铭记的。这次教学实践不会是结束，而是另一个开始，好的教学理念不应该作为天上的繁星来仰望，而应该埋进每一位教育者的心中发芽生长。

第四章 基于"非常规"物理实验的设计与教学

第一节 "非常规"物理实验与学生的深度学习

一、"非常规"物理实验的内涵

"非常规物理实验，是指主要利用学生熟悉的生活易得物品、材料、器具、人体或人体局部以及儿童玩具等开发进行的一类体现自创性、体验性、趣味性、简易性、生活化的物理实验教学活动"[①]。"从资源利用与开发的视角，可以将物理实验教学分为两大类：第一类是利用学校实验室装备的实验资源开展的物理实验教学活动，第二类是指有意图选择和利用生活环境中易得材料、物品及器具等潜在资源与创生资源开展的物理实验教学活动"[②]。"非常规"物理实验包括自制器具实验、自组器具实验、"体感"实验、徒手实验等[③]。

"'非常规'物理实验强调的就是教师使用自己自制的或组织学生自制的实验器具开展实验教学的行为，要求教师在新的教育理念指导下，基于一定教学理论和学习理论，以促进学生理解、生趣、探究、实践、创新为目的，为全面达成物理课程目标而开展的'有意图'的物理教学行为或学生的学习活动"[④]。

---

① 张伟，郭玉英，刘炳升.非常规物理实验：有待深入开发的重要物理课程资源 [J]. 物理教师 (高中版)，2005(09)：47-50.
② 张伟，郭玉英.论高师物理师范生"非常规"物理实验教学能力培养 [J]. 教师教育研究，2007(03)：60-64.
③ 张伟，郭玉英，刘炳升."非常规"物理实验概念探讨 [J]. 物理教师 (高中版)，2006(08)：27-30.
④ 张伟，郭玉英，刘炳升."非常规"物理实验概念探讨 [J]. 物理教师 (高中版)，2006(08)：27-30.

二、深度学习的内涵

（一）学术界对于深度学习的界定

教育领域对深度学习的探索已有很长的历史，深度学习的概念随时代变革不断演化，学术界至今还未对这一概念做出一个统一确切的定义。学者们对深度学习的总体研究可划分为四种理论：学习的方式理论、过程理论、结果理论和目标理论。虽然四种理论对深度学习定义方式的侧重点不同，但都明确了深度学习与知识整合、意义建构、知识迁移应用、质疑创新的高阶思维有密切联系。黎加厚教授认为，"深度学习是指在理解的基础上，学习者能够批判性地学习新的思想和事实，并将它们融入原有的认知结构中，能够在众多思想间进行联系，并能够将已有的知识迁移到新的情境中，做出决策和解决问题的学习"[1]。郭元祥教授认为，"深度的知识学习不是记住知识符号，不是对知识的简单占有，不是对知识的表层学习，而是理解并促进对知识的逻辑要素和意义系统的转化"[2]。"美国国家研究委员会（National Research Council，简称 NRC）认为，深度学习是个体将学习的知识从一种情境应用到另一种新的情境的过程，即迁移"[3]。张浩、吴秀娟认为，"深度学习要求学习者掌握非结构化的深层知识并进行批判性的高阶思维、主动的知识建构、有效的迁移应用及真实问题的解决，进而实现问题解决能力、批判性思维、创新性思维、元认知能力等高阶能力的发展"[4]。

（二）深度学习能力表征

"NRC 和 Hewlett 基金会从 21 世纪技能出发，将深度学习能力分为认知领域、人际领域、个人领域三大领域、六种能力"[5]。三个领域中又包含了

① 曾明星，李桂平，周清平，等．从 MOOC 到 SPOC：一种深度学习模式建构 [J]. 中国电化教育，2015(11)：28-34+53.
② 郭元祥．丰富课堂的教育涵养——谈课程改革的深化（1）[J]. 新教师，2016（01）：21-23+27.
③ 卜彩丽，冯晓晓，张宝辉．深度学习的概念、策略、效果及其启示——美国深度学习项目（SDL）的解读与分析 [J]. 远程教育杂志，2016，34(05)：75-82.
④ 杨清．课堂深度学习：内涵、过程和策略 [J]. 当代教育科学，2018(09)：66-71.
⑤ 迟佳蕙，李宝敏．国内外深度学习研究主题热点及发展趋势——基于共词分析的可视化研究 [J]. 基础教育，2018，（02）：102-112.

关于深度学习的六个维度。

相对于机械的、被动式的浅层学习而言，深度学习的目标是培养学生的学科核心素养，它更注重学生在经过学习活动后，能力和思维层次等方面的提升，是真实情境下的一种有意义的学习过程。教师需创设有利于问题解决的情境，学生在教师的指导下积极探究有一定难度的学习任务，全身心地参与其中，体味克服困难收获成功的快乐，并获得全面发展。学生在这个过程中能够夯实基础知识，突破难点知识，掌握核心重点知识，通过亲身经历学科知识的认知过程，领会学科知识的要领及科学探究的思想方法，激发学习内驱力和自身潜能，形成正确的情感观、态度、价值观，成为既具有自主学习、质疑批判、除旧革新，又具有团结协作、包容共享的新一代出色学习者。

笔者从大量文献中总结出深度学习与浅层学习的基本特点，并将其简化成表格，如表4-1所示。

表4-1　深度学习与浅层学习的基本特点

比较类型　　　学习特点	深度学习	浅层学习
教育宗旨	终身发展	重知轻能
学习理念	全面发展	片面认识
学习动机	主动性	被动性
知识变化	动态生长	死板嫁接
建构特点	批判性习得	填鸭性接受
关注焦点	问题解决	记忆复述
学习结果	融会贯通	一知半解
思维层级	高阶思维	低阶思维
加工方式	意义记忆	机械记忆
记忆程度	深入理解	浅显了解
知识体系	复杂统整	简单琐碎
迁移情况	触类旁通	生搬硬套

我们从表4-1中可以知道，深度学习具有以下特征：

（1）联结与重组。在学习任务中调动自身熟悉的知识与经验，新旧知识整合重组，建构新知识体系。

（2）参与和体验。行为、认知、情感的全面参与，即感知觉、思维、态度等全身心投入一定难度的学习活动中。挖掘、探索、体验、感悟知识的形成过程，掌握学科核心知识与思想方法，体验获得成功的自我成就感。与教师、同学在合作沟通中促进自我发展，体会合作的意义价值，个人在获取知识的过程中领悟学科的价值、学习意义，不断地完善自我与成长。

（3）本质与变式。能够掌握学科内容的核心重点知识，把握学科本质与思想方法。

（4）迁移与应用。能够举一反三，将所学知识迁移到新问题情境中，达到触类旁通，能够应用所学知识解决社会生活中的具体问题。

（5）价值与评价。关注学生的成长，培养学生形成有助于未来自主发展的核心素养。以终身学习和终身发展为宗旨，帮助学生树立正确的世界观、人生观、价值观。

（三）本书对深度学习的界定

本书将深度学习界定为：以人的终身发展为宗旨，学生深度参与学习活动，这种深度参与包括感知觉、思维、情感、态度等全面的投入，探究、体验、感悟知识的形成过程，在先前知识经验激活下有效形成知识联结，通过知识整合与建构、迁移与应用完备自身知识体系；变被动学习为主动学习，培养质疑和实证、求实和创新等高阶思维能力。

第二节　"非常规"物理实验在初中物理教学各环节中的应用

一、教学环节的含义

教学环节有两种含义：一种是指教学活动中链锁式结构的组成部分，各组成部分之间前后衔接，比如综合课中的组织教学、检查复习、学习新教材、巩固新教材、布置课外作业；另一种是指教学工作环节，如教学工作中教师的备课、上课、课外作业布置与批改、课外辅导、学生成绩的检查与评定等。

二、"非常规"物理实验在初中物理教学各环节中的应用案例

本课题所探究的教学策略是为了给一线初中物理教师提供较全面的"非常规"物理实验在教学中应用的教学思路，以便更好地实施"非常规"物理实验教学。"非常规"物理实验旨在激发学生学习物理的动机、引导他们树立坚韧的学习意志、激发他们的兴趣、端正学习态度、提高实验探究能力、培养良好的学习习惯等。笔者将从课前预习、新课引入、展开教学、家庭作业以及习题讲解等五个方面入手，来探究具体可行的"非常规"物理实验在初中物理教学中应用的策略。

在初中物理教学中合理地利用"非常规"物理实验来激发学生的学习动机，培养他们的学习兴趣和良好的学习习惯以及掌握知识的能力显得尤为重要。首先，教师必须深入了解班上学生的物理学习情况，然后在进行教学设计时，可以在教学的各个环节设置适当的"非常规"物理实验，增加学生动手的机会，并通过学生辅助教师演示实验或参与到分组实验中或向全班同学展示实验等方式让学生参与到课堂教学活动中来，从而建立感性认识，使他们产生学习物理的乐趣和自信心，鼓励他们再接再厉，端正学习态度。这样，才能促进学生主动探究、从被动学习转变为主动学、我要学，从而提高学习效果。

（一）利用"非常规"物理实验预习新课案例

课前预习是学生学习的第一个环节，是自主学习的一种具体表现。预习是学生在脑海中将新的学习内容与已有的与之相关的知识建立联系的过程。学生运用已经习得的知识去获取新的知识，在此过程中对遇到的问题或困难进行初步思考，在课堂上才能目的明确、有侧重点地听课；在小组讨论时，形成高质量的讨论与思维碰撞，收获更好的学习效果，起到事半功倍的作用。学生在教师的指导下进行预习，一方面复习了已经学过的旧知识，为接下来新的学习任务打下基础；另一方面，通过预习提前感知新的学习内容，学生经过自己的独立思考，带着准备和疑问进入课堂，改被动为主动，积极参与教学活动，体验收获知识的成功和喜悦，进而激发学习物理的积极性。课前预习给学生带来的不仅仅是知识，更重要的是培养他们良好的学习习惯。

有的学生对预习这一环节不够重视，原因之一在于他们认为预习就是

看书本，这种单调乏味的预习方式不仅达不到目的，反而让学生打消了学习兴趣，成为新课教学的障碍。新课程改革强调教师应注重激发学生的学习兴趣，而"非常规"物理实验在这方面有着独特的优势。教师可以利用"非常规"物理实验布置预习任务，这些实验的设计可以由教师设计，或者学生设计，或者师生共同设计或者参考课外书；实验器材由学生自己寻找、制作，也可由实验室提供；实验过程可由学生自主完成或者合作完成。

利用"非常规"物理实验进行预习，既可以培养学生的动手能力，又能提高学生分析问题的能力，实验过程遇到的疑问，有利于学生在课堂上有目的地听讲，提高课堂效率。下面，笔者从"探究树荫下的光斑"这节综合实践活动和《压强》出发，探索如何利用"非常规"物理实验预习新课。

案例一：预习"探究树荫下的光斑"

在光现象这一章，学生学习了光的直线传播和小孔成像的知识，教材在最后安排了一节综合实践活动：探究树荫下的光斑。树荫下的圆形光斑其实是我们生活中经常看到的太阳的小孔成像，目的是巩固光的直线传播的知识点以及将物理知识与生活实际结合起来，从而加深学生对小孔成像在生活中的应用的理解。借助科学探究的几个步骤来完成实验可以更好地学习科学方法、发展科学探究能力。

一、发现问题

教师提出问题：晴天的正午，从树荫下走过，你会看到树荫下有一些光斑。同学们有没有认真观察过这些光斑是什么形状的呢？它们的亮度是否都一样？

二、猜想与假设

有学生认为：光斑是阳光透过树叶间的缝隙照在地面上形成的，所以光斑的形状与树叶间的缝隙的形状相同，即光斑的形状是由缝隙的形状决定的。

三、设计实验方案

我们是否可以通过实验自己制作树叶间的缝隙来模拟树荫下光斑的实验呢？学生一致认为可行。由于缝隙的大小、形状各不相同，我们如何来设计缝隙呢？学生想到可以在纸上刻画出几个形状不同的小孔和大孔。教师布置任务：

1.自己制作两类孔的卡片，利用中午阳光好的时候，完成探究实验。

2.太阳光透过缝隙在地面上形成的光斑可以分成几类？

3.影响光斑形状的因素有哪些？

4.光斑的亮度是否相同？

5.实验中用了哪些物理研究方法？该实验可独立完成也可与小组成员合作，实验中可用智能手机拍摄实验现象。

四、交流与评价

本实验从生活中极其普遍常见的现象出发，教师引导学生进行实验预习，通过自制的卡片观察光斑这一"非常规"物理实验，让学生在自主设计、探究实验的过程中感受物理规律的建立，体会物理与生活的紧密联系，同时培养学生的动手能力和创新能力。在卡片设计环节，学生针对实验的设计过程开展小组讨论，在讨论中提高团队合作意识，开拓思维。实验方案形成后，学生可以独立制作卡片来观察实验，这样有助于培养学生的动手能力、观察能力和解决问题的能力。这个年龄段的学生活泼好动。精力旺盛，对一切都充满了好奇。他们乐于动手做实验，非常愿意通过这个"非常规"物理实验来预习新课，这比单纯地看书预习要有趣多了。在这个预习实验中，学生会惊讶地发现实验现象跟自己想象中的完全不一样，光斑并不总是跟孔的形状一样，有时候不管孔是什么形状，光斑都是圆形的。这神奇的现象极大地引起学生的好奇心，激发了他们的学习热情，他们不由自主地产生主动探索现象背后所隐藏的奥秘的兴趣。学生利用"非常规"物理实验预习新课，在预习过程中发现疑难点，并带着问题在课堂教学中有针对性地进行学习，从而提高课堂效率。

案例二：预习《压强》

《压强》是八年级下册第十章第一节的内容，通过前面"力"的学习，学生已经知道力可以使物体产生形变或改变物体的运动状态这两个作用效果。压力是垂直作用于接触面上的力，为了描述压力的作用效果，在物理学中引入"压强"这一概念。本节内容由"压强"和"如何增大、减小压强"两部分组成，对压强概念的掌握是最主要的。只要学生理解到位，就能顺利解决增大或减小压强的问题。因此，本节的教学重点是引导学生感知压力的作用效果，以此来理解压强这个概念。如果能在课前预习中让学生通过亲身体验来感知压力的作用效果，即压强，那么对于课堂学习显然是大有裨益的。教师可以让学生在课前自己动手做一做这样一个"非常规"物理实验来预习新课，深刻体会压强这一概念。第一次在纸板上固定一个图钉，把气球放在图钉上并逐渐施加压力，观察实验现象；第二次在纸板上多固定几个图钉，同样的步骤，观察现象。

这个实验从器材制作到实验操作全是学生自己完成的，在实验过程中尤其是对气球向下施加很大压力的时候，许多学生不禁感叹："怎么还没有爆啊？"实验现象让他们难以置信，几乎不敢相信自己的眼睛，这和他们的生活经验、已有的认知是相矛盾的。因此，给他们的心灵以深深的震撼，激发了他们对知识强烈的探索欲和求知欲，充分调动了他们学习的积极性，为他们更加深刻地理解压强起到了举足轻重的作用。若是单纯地从教材或者课外书上看到这个实验而不亲手做一做，学生肯定没有这么深的感悟，理解得没这么透彻。杨振宁曾经说过："中国学生学习很刻苦，基础知识掌握很扎实，但动手能力差而且不会提问题。"针对当代中学生的这个不足，我们要从做好"非常规"物理实验开始培养学生的动手能力，在实验中手、脑并用，培养学生的科学探究素养。

（二）妙用"非常规"物理实验引入新课案例

课堂教学有多个环节，每个环节都影响着教学效果。其中，新课引入是课堂教学过程中的第一个环节，也是课堂教学的必须环节，是教师引导学生参与学习的方式和技巧，引入的情况将直接影响整个课堂教学的效果。不仅体现了学生的主体地位，也体现了教师的主导作用，其重要意义不容忽视。好的课堂引入能够唤起学生已有的知识经验，也能启发学生对将要学习的课题进行思考，激发学生学习的兴趣和求知欲，养成主动学习的态度。但在目前的环境下，为了让学生考试时取得高分，很多教师在教学设计时不用心设计导入环节，在授课时为节约时间也总是草草完成课堂引入环节，急于进入新知识的传授，节约出更多的时间带领学生刷题。甚至有的教师认为，新课引入可有可无，浪费时间，应该把精力放在正课的讲授上。若教师总是以单调乏味的开场白导入新课，而此时学生还没有进入学习的准备状态，对学生来说有些猝不及防，不但不能唤起他们的学习兴趣和学习动机，其学习效果也是可想而知的。在我国，物理教育是从初二开始的。这个年龄段的学生对物理的学习兴趣以直接兴趣为主，总喜欢问为什么，所以他们刚开始学习物理时兴趣都比较浓厚，觉得物理很神奇、很好玩。在教学中，教师巧妙地将学生引入与问题有关的情境中，能够引起学生的好奇与思考，激发学生的兴趣和求知欲。笔者提出妙用"非常规"物理实验来引入新课，主要是根据初中生的年龄特点、兴趣特点以及认知发展特点，在引入新课时利用新颖、奇特的"非常规"物理实验来引起他们强烈的好奇心，旨在尝试解决一些学生对物理学习缺乏主动性和积极性，为他们以后的学习奠定坚实的基础。下面，笔者就从物态变化的两节内容出发，探索如何妙用"非常规"物理实验引入新课。

案例一：演示实验——《汽化和液化》新课引入

汽化和液化是生活中常见的现象，学生在生活中的一些经验让他们初步认识了蒸发，了解了蒸发是由液态变成气态的，过程伴随着吸热，但关于蒸发只是汽化的一种方式，汽化的另一种方式是沸腾，这一方式学生却没有接触过。通过设计简单有趣的"非常规"物理实验，教师引导学生全神贯注地观察实验现象，并带动学生对实验现象进行对比和思考，探寻其中的规律。

课上先请一名学生到讲台上协助教师一起完成实验。教师往试管里倒一些酒精，用铁架台固定好，这是物理课上第一次使用铁架台，所以这些操作由教师完成，学生观察即可。由于酒精是无色的，所以酒精液面在试管中的位置看不清楚，有什么办法能够看清楚酒精呢？有学生回答滴红墨水。教师请协助实验的学生往试管里面滴几滴红墨水，果然现在酒精看得很清楚了。再请学生在酒精的液面处用记号笔画一条线做标记，然后在试管口套一个气球，把试管密封起来。

教师提问：同学们看看现在气球是瘪的还是鼓的呀？

学生回答：瘪的。教师让学生操作实验，把热水倒在烧杯里给试管里的酒精加热。

教师提问：同学们看到了什么现象？

学生回答：酒精翻滚产生很多气泡，同时气球的体积越来越大。

教师提问：为什么气球的体积会越来越大呢？

学生回答：气球里面多了很多气体。

教师提问：这些气体是怎么产生的呢？

学生回答不上来。

教师引导学生观察酒精的液面发生了什么变化，再请学生回答：液面下降了。

教师请学生在液面处再画一条线，做个对比。教师继续启发：气态的物质增多，液态的物质减少，那么这些气态的物质是怎么来的呢？学生通过思考得出结论：气球里的气体是由试管里液态的酒精转化而来的。

教师点出本课的一个主题：我们把物质由液态变成气态的过程叫作液化，并板书。

教师提问：同学们又发现了什么？

学生回答：试管里酒精液面上升，气球的体积在变小。

教师提问：那试管里的酒精又是从哪里来的呢？

通过刚才一系列的活动，学生很容易回答：气球里气态的酒精又变成了液态的酒精。

教师给予表扬并板书另一个主题：非常好，我们把物质由气态变成液态的过程叫作液化。

该实验的巧妙之处在于借助学生非常熟悉的、直观的气球膨胀和酒精液体减少的现象来显示酒精由液体变成了气体，气球瘪了和酒精液面上升的现象来显示酒精由气体又变成液体。莎士比亚说："学问必须合乎自己的兴趣，方可得益。"如果学生对物理学习不感兴趣，那么课上就不会认真听讲，课后作业不会做就乱写一通。在《汽化和液化》的新课引入中，教师创设机会让学生动手参与到演示实验中来，指导学生完成力所能及的操作步骤。在实验过程中，教师边引导学生观察实验现象，边循序渐进地抛出问题，抓住他们的注意力，让他们分析、思考，充分调动学生学习的积极性。这几个问题在教师一步步的引导下答案呼之欲出，学生有能力回答出来。在《汽化和液化》的新课引入环节，教师巧妙地利用这样一个让学生协助参与的"非常规"物理演示实验来激发他们的学习兴趣，提升他们的自信心，增强他们的自我效能感。

案例二：小组实验——《升华和凝华》新课引入

教师活动：(取出两个保温杯，一个是红色的，另一个是蓝色的。)今天天气有些热，老师给大家带了些冰块来降降温，但老师带了两种"冰块"。请同学们帮忙鉴别一下哪种是真的冰块，哪种是假的。注意不能用手碰。(给每组学生发一张红色的纸和一张蓝色的纸。用夹子从红色保温杯中取一小块"冰"放在红色纸上，从蓝色保温杯中取一小块"冰"放在蓝色纸上。)

学生活动：先观察纸上的两块"冰"，再相互交流观察到的现象。

教师提问：你们看到了什么现象？

学生作答：两块"冰"的体积都变小了，红色纸上有水。

教师进一步提出问题：你知道红色纸上的"冰"发生了什么物态变化吗？

学生通过回忆上节课内容得出：红色纸上的"冰"在熔化。

教师给予表扬，引导学生继续观察蓝色纸是干的还是湿的。学生回答是干的。

教师提问：那同学们能告诉老师哪张纸上是真的冰吗？

学生回答：红色。

教师再次抛出问题：那蓝色纸上固态的"冰"变成什么了？学生通过排除液态，再思考物质的三种状态得出答案：气态。

教师：很好，我们把这种物质由固态直接变成气态的现象叫作升华。

冰块是学生日常生活中所熟悉的物品，干冰外形和冰块一样，但发生的物态变化却完全不同。这个"非常规"物理实验的巧妙之处在于让学生对冰块和干冰做对比观察，辨别两种物质。通过前面学过的熔化相关知识，学生判断出一种"冰"在熔化，另一种"冰"不符合熔化的现象。温故而知新，既复习了熔化知识，又通过切身感受领会与熔化不同的物态变化。要理解蓝色纸上的"冰"直接变成气态，这对部分学生而言有一定的难度，教师引导学生从物质的三种状态以及观察纸没有湿这两点去思考，最终想到变成了气态，引入本节新课的内容——升华。学生通过观察实验，回忆已经学过的知识，教师通过层层提问，由浅及深，最终由学生总结出升华这一物态变化的含义。这节新课引入的高明之处在于学生通过观察实验现象并结合教师有层次的提问，将物理知识由浅到深地传授给学生，使学生在知识和情感上都收获颇丰。教师在引入新课环节妙用"非常规"物理实验让学生通过观察发现问题，并通过对比、分析、概括这些思维加工过程来归纳出升华的定义。既注重学生对已学知识的掌握，又注重培养学生发现问题、对比概括和分析论证的能力。

（三）善用"非常规"物理实验进行课堂教学案例

课堂教学是教育教学中普遍使用的一种手段，它是教师给学生传授知识和技能的全过程。可见，课堂教学对学生而言是多么重要，学生的发展很大程度上取决于他们在课堂中的学习情况。《纲要》强调"要以学生为主体，教师为主导，充分发挥学生的主动性"，要想达到良好的教学效果，课堂上就不能让学生漫无目的地被动听讲，而要让教师成为学生主动建构知识的引导者，使学生能够积极主动地将新知识同化到认知体系中。"从生活走向物理，从物理走向社会"，是新课程的基本理念之一。因此，我们的物理教学应与学生的生活密切相关。物理实验作为物理教学中最基本也是最重要的教学内容和教学手段，对学生构建物理知识、激发学习物理的兴趣和发展学生创造性思维有着不可替代的作用。调查问卷显示，学生喜爱教师在课堂教学时使用"非常规"物理实验，并且认为其更加有利于对知识的掌握。因此，在课堂上，教师要善于利用合适的"非常规"物理实验，以最好的方式方法来达到教师所期望的效果，包括引导学生在一个熟悉的情境中去发现问题、探究实验现象背后隐藏的规律、解决问题，以及拉近学生与物理之间的关系，从而意识到物理就在我们身边。教师要教会学生用物理知识去解释身边的现象和问题，让学生在一个轻松的环境中学好物理。

案例一：演示实验——温度计的课堂教学

温度计是生活中常见的测量温度的工具，尤其是体温计和寒暑表，学生们都非常熟悉，知道它们的使用方法和读数方法，但对温度计的构造和工作原理却不甚了解。在温度计的教学中，教师可以采用这样一个"非常规"物理实验——自制简易温度计来带领学生认识温度计。

教师先提出问题：同学们都用过温度计吧！那你们知道它的工作原理是什么吗？今天，老师制作了一个温度计（将自制的温度计放在讲台上展示给学生）。然后，教师介绍温度计的制作方法：在一个洗干净的酸奶瓶里灌些水，滴几滴红墨水，使液体看起来更加清楚，然后在瓶盖上戳一个小洞，把一支废弃的圆珠笔芯里面残余的笔油去掉，插进小洞内，最后用蜡封住笔芯和盖子接触的地方。

教师提问：如果把酸奶瓶放入热水中，会出现什么现象？我们来试一试。

教师请一名学生上前操作，并根据实验现象回答：笔芯里的红墨水液面上升。

教师提问：如果放到冷水里呢？教师请学生来做一做并回答：液面下降。

教师提问：这是为什么呢？请学生讨论并尝试回答。

教师：温度计就是根据这样的原理制成的。请同学们阅读教材，说一说实验室常用温度计的构造有哪些？

学生：玻璃外壳、液泡、毛细管、温度计内测温液体、刻度。

教师继续提问：对比我们自制的温度计，在构造上有哪些相对应的地方？

学生：液泡对应酸奶瓶，毛细管对应笔芯，测温液体对应红墨水。教师请学生总结温度计的工作原理。

学生自然而然地得出：测温液体热胀冷缩。教师给予表扬。

以上内容难度不大，可以让学生参与实验回答问题，增加他们学习物理的信心。

教师继续拓展：如果老师制作了两个温度计，不过一个玻璃瓶里装的红墨水多，另一个玻璃瓶里装的红墨水少，现在把这两个温度计放进同一杯热水中，同学们想一想，会有什么不一样的现象呢？这对大部分学生而言有一些难度，教师可以继续引导：可以结合温度计的工作原理来思考。让学生思考之后和小组内其他成员讨论再回答。

学生：装红墨水多的温度计受热，红墨水膨胀的体积就大，液面上升得高。

教师：非常好，在受热相同的情况下，大家还有其他的方法也能够让笔芯中的液面上升得更高吗？

教师可以让学生分组讨论，展示组内讨论的结果：把吸管换成更细的，这样在相同情况下，横截面积小了，上升的高度就大了；在受热相同的时候，不同的液体膨胀的程度可能不一样，我们可以选一种热胀冷缩比较明显的液体来做测温液体。

教师给予表扬：同学们真聪明，但我们这样做有什么用处呢？为什么要考虑受热相同的时候让液面上升的高度变高呢？

这个问题稍有难度，可以请物理成绩好的学生回答：可以提高温度计的精确性，当温度改变很小的时候，液面变化也很明显。这时教师拿出一支实验室用温度计，向学生介绍：玻璃泡体积大，毛细管很细，测温液体是煤油。

温度计是初中生接触物理之后学到的第一个测量工具。在日常生活中，学生对温度有一定的了解，所以理解温度并不难。温度计虽然在平时使用过，但学生对它的原理却不太了解。教师发挥才智选取了日常生活中常见的物品：酸奶瓶、圆珠笔芯和红墨水，并用它们制成一个简易温度计，实验现象比较明显。在实验过程中让学生动手动脑，在有趣的现象中了解、学习温度计的构造及原理。教师通过善用"非常规"物理实验教学，让学生参与到实验中，调动他们的积极性，使他们自发地把注意力集中到课堂上，既活泼了课堂氛围，提高了学生的实践能力，又增强了学生的学习信心和欲望。

案例二：学生实验——滑动摩擦力教学

在日常生活中，学生对摩擦力并不陌生，但对摩擦力的方向以及影响因素这两个重要的知识点却没有一个清楚的认识。在进行这一步骤的教学时，我们可以采用这样的"非常规"物理实验。

教师：行驶的汽车刹车后，为什么很快就能停下来了？

学生：汽车受到摩擦力。

教师：为什么体操和举重运动员比赛前要往手上抹镁粉？

学生：为了使摩擦力变大。

教师：你还能举出生活中有关摩擦力的例子吗？

学生：手上有油的时候不容易拧开瓶盖，因为摩擦力变小了；鞋底有花纹不容易滑倒，因为摩擦力变大了。

教师：同学们对生活观察得很仔细，现在让我们通过一个小实验来感受摩擦力的存在。用手握住牙刷柄，刷毛朝下放在桌面上，手稍微用力下压牙刷，试着往前推，你感受到了什么？

学生：好像有个向后的力在阻止刷毛向前运动。

教师：在牙刷运动的过程中，你看到刷毛有什么变化吗？

学生：刷毛向后弯曲。

教师：很好，现在以同样的方式将牙刷往左推，把你们感受到的和看到的现象说一说。

学生：我感到此时桌面也给了刷毛一个向后，也就是向右的力，在阻止刷毛向前运动，我看到刷毛向右弯曲。

教师：大家往不同的方向多做几次实验，感受力的方向和刷毛的弯曲方向，然后小组之间交流一下实验现象。

学生展示交流结果：每次阻力的方向都与运动方向相反，刷毛弯曲的方向与阻力的方向相同。

教师：大家思考一下，在这个实验过程中，刷毛所起的作用是什么？

学生不难得出：刷毛弯曲的方向用来指示阻力的方向。

教师总结：一个物体在另一个物体表面滑动时，会受到阻碍它运动的力，这种力叫作滑动摩擦力。

教师：下面我们来做个对比实验。同学们把物理教材放在桌面上，用手拖着课本运动，再把四五本书叠放在物理教材上，仍然用手拖着课本运动，有什么不一样的感受？

学生实验后请一名学生来回答：感觉滑动摩擦力变大了。

教师：你认为这和什么有关？这里学生往往会有错误的判断，认为和书的质量有关，这和学生错误的生活经验有关，他们认为生活中推质量大的物体需要用的力也大，所以摩擦力的大小和质量有关。针对这一现象，我们可以采用压力和重力不在同一方向的实验来得以解决。

教师：老师这里有两个相同的黑板擦，但是一个有磁性可以吸在黑板上，另一个没有磁性。下面老师请一位同学来分别用两个黑板擦帮老师擦黑板，在这个过程中注意手的感受有什么不同？

教师可以请一名学生来体验这个实验并向大家描述实验感受：有磁性的黑板擦在擦的时候感觉费劲，阻力比较大，普通黑板擦擦起来相对来说很轻松，阻力小。

教师：通过刚刚的学习我们知道这个阻力就是……？学生：滑动摩擦力。

教师：两个黑板擦质量一样，为什么有磁性的黑板擦受到的滑动摩擦力大呢？学生思考并结合小组讨论，得出答案：有磁性的黑板擦对黑板的压力大。

最终得出正确结论：滑动摩擦力与物体对接触面的压力有关，跟物体的质量无关。

著名物理教育家朱正元自美国学成归来后一直从事物理实验工作，他主张师生动手制作教具仪器，加强实验教育，培养学生手脑并用的能力。当下，教师的主要任务是突破物理实验教学，使实验成为学生体验、观察和探索的综合实践活动。在滑动摩擦力的教学中，笔者一改往日的演示实验为学生实验，善于用学生天天使用的最熟悉不过的牙刷，让学生动手实验，亲身感受摩擦力的存在，再用拖教材这个实验感受大小不同的摩擦力，培养学生的动手能力，使理论知识和实践能力有效结合起来。教师发挥才干，善于利用一些"非常规"物理实验将学生置于探索者的位置，让学生通过观察、思考和探究来掌握物理知识，学会方法，学会合作。这些实验取材方便、操作简单、现象直观明显，对学生来说没有太大难度。在实验过程中，学生能正确完成实验并观察到现象、归纳出结论，并且能够体验到学习的成就感，增强他们的学习动机。滑动摩擦力的方向和影响因素——压力这两个部分一直是初中生学习的重难点，因此在设计本节课的实验时，教师应想方设法把内容拉近学生的生活，引导学生从生活中的事物发现物理规律，感受科学与生活的密切联系，体现了"从生活走向物理"的理念。

(四)运用"非常规"物理实验设置家庭作业案例

《学记》曰："时教必有正业，退息必有居学。"意思是教师认真按时进行课堂教学，学生自觉复习巩固做好课外作业。体现了教育家对课内和课外相结合思想的重视。课后作业又称家庭作业，是在教师的要求下，为了帮助学生巩固课上所学知识、技能，深化对物理知识的理解以及学会运用所学知识解释生活中的现象、解决问题而布置的学习任务。课后作业是课堂教学的延伸，是物理学习中不可或缺的一部分。然而，不少物理教师仍然采用大量重复做题的单一方式来布置课后作业，这种课后作业没有从学生喜爱的角度出发，不但与新课程标准的要求相差甚远，而且起不到提高成绩的作用，甚至会让学生产生抵触情绪，这与我们布置课后作业的初衷是相违背的。根据本书中学生问卷调查的结果，学生喜欢的作业类型中"非常规"物理实验占到三分之二，这正是我们作业类型中所缺少的。新课程标准要求教师重视对学生动手能力和探索兴趣的培养，加强物理学习与生活和社会的紧密联系。因此，在布置课后作业时，教师可以运用"非常规"物理实验来引起学生对作业的兴趣和重视，锻炼学生的实验操作能力，使他们在实验中拓展思维，学会自主思考，感受学习的乐趣，激发学生对科学的不懈追求。

案例一：测量水中物体的像和物体的深度

新课标要求，要从多个角度来对物理提出问题，深层次理解问题并能够把学到的知识和技能运用到实际中来解决问题，发展学生的应用能力。我们可以引导学生利用课外时间，借助生活中易得的物品开展简单易行又现象明显的实验。

我们曾经在课堂上通过一个"巧测距离"的"非常规"物理实验引起学生的极大兴趣。人在教室里，不出门的情况下如何通过手电筒和皮尺测量出教室外面栏杆和窗户之间的距离？有了课堂的实验做基础，在学完《光的折射》后，我们可以继续激发学生的思维，将平面镜成像与光的折射结合起来。从水面上方看水中的物体变浅了，为了验证我们的猜想——虚像在物体的上方，你能分别测出像和物体在水中的深度吗？针对教学中的重难点——检验光的折射现象，设计这样的家庭作业，既巩固延伸了课堂的教学内容，又复习了平面镜成像的特点，在动手实验的过程中不但锻炼了学生的动手实验能力，还培养了学生的思维能力。

家庭作业的提交是父母或者组内成员帮忙拍摄的视频以及学生根据探究过程写的心得体会的小文章。欣赏完一个个精彩纷呈的视频和小文章后，笔者发现学生的创造力与想象力大大出乎教师的意料。在实验器材的选择方面，五花八门，不拘一格。学生借助生活中常见的物品，有的学生用杯子、烧水壶、碗、脸盆、马克笔盒子……充当盛水容器，有的学生用色彩鲜艳的积木、黄豆、小铁块、钥匙、笔帽……当作水里的发光点，有的学生用手电筒、激光笔、手机上的手电筒、小灯泡……作为光源，有的学生用刻度尺、卷尺测量长度。在实验步骤方面，要分别测量水中物体的虚像和物体本身到水面的距离再做比较。在"巧测距离"的铺垫下，学生都知道让水面上方的光源在水中的虚像与水中物体的虚像重合，测出光源到水面的距离即为水中物体的虚像的深度。但在测量水中物体本身的深度时，学生遇到困难，因为刻度尺浸到水里后，看到的 0 刻度线是虚像，那么实际的 0 刻度线有没有与水中物体对齐呢？在测量时，有的学生选择了两步操作，分别测出光源到水面的距离和水中的虚像到水面的距离；也有的学生只用了一步，将水中刻度尺的 0 刻度线与物体对齐后，分别读出水面的读数和水面上方光源的读数，像距只需要把两次读数相减。

这是其中两位学生提交的家庭作业，笔者从视频中截取了三张具有代表性的图片，可以看出这两位学生操作步骤正确，视频解说清楚，他们在认真完成教师布置的课后作业。从他们写的小文章中发现，实验过程中虽然遇到困难，但他们没有放弃，而是通过想办法、一次次尝试解决难题，最终成功完成实验。

案例二：制作简易的针孔照相机

"小孔成像"是继"光的直线传播"之后学习的一个重要实验，它有力地证明了光在同种均匀介质中沿直线传播。小孔成像的实验在初二物理的学习中起到了承前启后的作用。它不仅巩固了光沿直线传播这个知识，还为后续平面镜的学习做了铺垫。

同样是像，在学习平面镜成像时，受小孔成像潜移默化的影响，学生不禁会自发思考：平面镜成的是不是实像，像是倒立的还是正立的，左右倒还是上下倒，像是放大的还是缩小的……带着这些问题在做探究平面镜成像的实验时，学生就会主动去观察、去探索，从而增强学习效果。进行小孔成像的实验探究对教师教学和学生能力的发展有着重要的意义。但是演示实验不能满足每位学生的观察需求，考虑实验器材在生活中比较容易获得，且制作方法不难，教师可以布置学生用身边的器材制作简易的针孔照相机作为家庭作业，要求学生自己制作并且进行探究，以小视频的形式提交，再根据探究过程写一篇小文章，连同实验作品，带到学校与同学交流。教师在布置"非常规"物理实验作为家庭作业时，应当明确要求，以防学生的实验探究没有方向或流于表面，比如此次家庭作业，教师可以通过布置这样的几个问题引导学生在实验探究的时候进行思考：

（1）成的像是倒立的还是正立的？

（2）像是放大的还是缩小的？与哪些因素有关？研究过程中采用什么物理方法？

（3）像与小孔的形状有没有关系？

（4）如果把小孔扩成大孔，还能不能成像？

学生带来的作品五花八门，有的用两张硬纸卷成纸筒套在一起，一端蒙上黑纸并戳个小孔，另一端蒙上半透明塑料袋；有的借助易拉罐或吃完的薯片桶，其一端戳个小孔，再套个纸筒，蒙上面纸；也有的用一个像粉笔盒的方形盒子，一面戳个小孔，对面再抠出一个圆形，把一个卷纸的纸筒一端塞进盒子的圆形孔里，蒙上半透明塑料纸……每个作品都非常有创意，凝结着学生的智慧。

笔者观看完学生提交的一个个实验视频，发现他们都能根据实验现象得出第一个问题的答案：小孔成像成的是倒立的像。在第二个问题的实验探究时，学生经过多次实验摸索，发现像的大小与光源到小孔的距离和光屏到小孔的距离都有关系，在前面学习《声现象》这一章节时我们学过采用控制变量法来探究实验。从提交的视频中可以看出，几乎所有的学生在实验中都运用了控制变量法来分别探究像的大小与物距和像距之间的关系，并通过实验得出结论。这种潜移默化养成的良好的思维习惯，有助于提高学生解决问题的能力。从另一个角度看，这次实验也促进了学生对控制变量法的理解和应用。在实验探究第三个问题时，学生有多种方法改变小孔的形状、有的直接更换刻有不同形状的小孔，有的更巧妙，用一个不透明的小铁片遮住原有小孔的一部分，通过遮住的面积不同来改变孔的形状，都得出了像与小孔的形状无关的结论。

从学生的视频和小文章中可以看出，"非常规"物理实验作业带给学生的巨大影响。教师要运用"非常规"物理实验布置家庭作业，让学生从生活中寻找实验器材，在真实的生活情境中探究实验，亲身经历科学探究过程，在做中学，在学中悟，不仅符合学生的认知发展水平，满足学生动手实验的欲望，在实验中加深对物理规律的理解，更有利于消除学生对物理的畏难情绪，体验到学习物理的乐趣，为学好物理打下基础。

（五）巧用"非常规"物理实验进行习题讲解案例

物理习题是物理教学的重要组成部分，学生运用习得的知识和方法解决物理习题是一种重要的学习方式。这种方式能够深化、巩固学生对习得的物理知识的理解，锻炼学生的思维。教师对习题进行评讲，在讲解过程中纠正学生做题时出现的各种错误，使学生发现自己对知识掌握不足的地方，学生通过习题讲解对这些薄弱方面加以巩固和提升，进而发展智力，提高物理技能和分析解决问题的本领。新课程理念注重培养学生的自主学习能力，学生的学习方式要由被动接受转变为主动学习[①]。有些题目做了很多次，教师讲解了很多遍，再遇到相同的题型还是错，甚至只要题目稍有改动，学生就如临大敌，束手无策，这样低效地讲解习题对学生的思维能力的提升没有过多的帮助。教师在进行物理习题讲解时，要想方设法地去思考如何巧妙地用一些方式把题讲得生动。通过问卷调查我们发现，接近一半的学生认为教师在评讲习题时采用"非常规"物理实验的方法是非常有效果的。教师可以巧用"非常规"物理实验进行习题讲解，提高学生的参与度，使学生聚精会神地融入课堂，真正吃透知识点，提高解题能力和学习成绩，达到事半功倍的效果。

案例一：浮力是初中物理学习的难点之一，有关浮沉子的题目每次考试得分率都比较低。题目考查范围广，从制作到实验方法，从实验现象到原理等，比如小瓶放入大塑料瓶时瓶口朝上还是朝下；小瓶中要不要先放入适量的水；制成后挤压大瓶时，小瓶的重力如何变化；浮沉子是通过什么原理实现上浮和下沉的……如果光靠教师口头讲解，只有少数学生能够主动投入到学习中，而且效果并不太理想。对大部分学生来说，抽象的知识讲解不能活跃他们的思维、启发他们的智慧，所以遇到这样的题目，一些学生听不懂也懒得听，学习效果可想而知。

浮沉子实验的制作对学生理解物体的浮沉条件和解决有关浮沉子的题目有非常大的帮助，将抽象的知识转化为易于观察的实验现象，在制作及实验过程中潜移默化地引导学生认识实验仪器、了解实验器材的构造、掌握原

① 汪国银. 浅谈如何落实新课程理念，培养学生的自主学习能力 [J]. 中学生数理化（高考理化），2015(6)：67.

理及使用方法。制作浮沉子的材料简单易得：大塑料瓶、适量的水、小玻璃瓶。教师可以让学生提前准备好实验器材，并带到学校，分组自己动手做浮沉子，教师巡回指导。在制作过程中，比如向小玻璃瓶里灌多少水开口朝下放进大塑料瓶才能漂浮在水面上，需要学生运用已学的关于浮沉条件的知识来多次调整尝试，这一过程不仅是运用已学理论知识指导实验操作，反过来也可以利用实验现象检验学过的理论。科学理论因其能够指导实践而存在着巨大的价值，而理论指导实践的过程也是理论自身不断检验和发展的过程[①]。

浮沉子做好后开始实验。教师先让学生用力挤压大塑料瓶，请学生来回答观察到的现象：大塑料瓶发生形变，挤占上方的空气，小玻璃瓶渐渐进入水中，直至沉底。

教师让学生再次实验，仔细观察小玻璃瓶里的水面有没有发生变化，并请学生回答：小玻璃瓶里的水变多了。到这里，几乎所有的学生就能明白小玻璃瓶下沉的原理：挤压大塑料瓶，气体体积变小，大塑料瓶内水的压强增大，将水挤进小玻璃瓶，导致小玻璃瓶总重力变大。当重力大于浮力时，小玻璃瓶就会下沉。反之，松手后，大塑料瓶内气体体积变大，小玻璃瓶内的水压强增大，水被挤出，使得小玻璃瓶的总重力变小。当重力小于浮力时，小玻璃瓶就上浮，直至漂浮。

教师引导学生总结：小瓶子是通过什么来实现上浮和下沉的？

学生：改变自身的重力。

教师引导学生开拓思维：我们可以把这个知识用在什么地方？

学生：潜水艇。潜水艇就是通过往水舱里充水，使得总重大于浮力实现下沉，或者往外排水使总重小于浮力实现上浮的。接着教师请小组之间比赛实验，看能不能让小玻璃瓶悬浮在水中？学生兴趣高涨，学习动机被调动起来，积极动手动脑分析现象探索实验。教师可以请一名兴致浓厚的学生来给大家展示、解说实验过程：用手轻轻挤压大塑料瓶，压强增大，水被挤压到小玻璃瓶内，小玻璃瓶缓缓下沉。当小玻璃瓶刚好没入水中时，保持挤压压力不变，使小玻璃瓶的重力等于浮力，小玻璃瓶就悬浮在水中了。这与潜水艇悬浮在海水中的原理是一样的。

学完物理新课后，学生必须通过习题训练来进行巩固加深，使学生更深

① 韩振峰. 科学理论的价值在于指导实践 [J]. 人民论坛，2019(Zl)：18-21.

刻地掌握物理概念和物理规律，评讲题目的过程不仅是学生反复细化对知识的理解过程，更是学生发现问题、进行纠错，从而提高学习质量的过程。对错题的消化吸收显得尤为重要，本案例中教师没有沿袭传统的讲题方式，而是巧妙地用这样一个让学生动手的"非常规"物理实验让学生自己给自己讲题。

研究表明：学生处于积极的学习状态时，就会在学习中倾注更多的精力和关注，学生只有积极主动地学习，才会取得良好的学习效果。因此，物理教师在讲解习题时，可以改变以往纯粹的讲题模式，灵巧地借助有效的实验教学手段，比如材料易得、制作方便的"非常规"物理实验来带动学生主动学习，在学习中融入有趣的物理元素，激发学生的探究欲望，启迪学生的科学思维。

案例二：随着科技的发展，无人机航拍走进了人们的生活，照相机的原理学生们都会，但为什么这种题目错误率很高呢？笔者找了几个学生了解情况，原来学生对真正的照相机不太了解，很多人仅仅是在影视剧里看见过，在生活中没有见过这种镜头能伸缩的照相机，他们不明白镜头向前伸、向后缩是什么意思，调节的像距是变大还是变小。另一个原因是学生形成的思维定式，前面学习凸透镜成像规律时，我们都是控制凸透镜的位置不变，改变光源到凸透镜的距离，再移动光屏改变像距寻找像，而本题相反，由于照相机内胶片的位置是固定的，要调节像距只能改变镜头的位置，学生不习惯这种改变像距的方式，所以导致在做题时大脑混乱一片，尤其是一些本来基础就不牢靠的学生，再要求思维的转换，对他们而言难度太大了。如何使用简单、容易被接受的方法让学生掌握本题所包含的知识呢？

例如，利用废纸盒制作的照相机，镜头是一个拆下来的放大镜，光屏是一条条胶带。将镜头对准远处的物体，调节伸缩筒，可在光屏上得到清晰的像，再将镜头对着近处的物体，发现光屏上的像变得模糊了，根据凸透镜的动态变化规律：成实像时，物近，像远，像变大，应让光屏远离镜头，才能呈现清晰的像。通过观察照相机，学生发现，光屏是固定的不好动，自然而然想到可以让镜头向前伸，也是增大了像距，再动手试一试，果然光屏上得到了清晰的像。光屏用一条条胶带制作而成，除了成像，还有一个重要的功能，就是比较两次像的大小，学生通过实验观察比较发现像变大了，验证了动态变化规律的正确性。

初中生正处于感性认识向理性认识过渡的阶段，但仍以感性认识为主[①]。这个"非常规"物理实验的巧妙之处在于，单凭教师口头讲解学生很难理解的物理知识，通过学生亲自动手制作照相机就可以轻轻松松地理解和掌握。现代教育强调"回到事情本身"和"生活世界"，物理教育的起点是物理现象，归宿是活生生的原始生活世界。对于一些与生活中物品相关的练习题，如果单靠教师讲解，不仅教师讲得很费劲，学生听得也是云里雾里，很难取得好的教学效果。这时，我们可以巧用"非常规"物理实验让学生在类似于真实情境的实验过程中体会到探究的乐趣，使学生在实验中有话说、有办法想。

第三节 "非常规"物理实验的设计

一、"非常规"物理实验的设计原则

"非常规"物理实验不能理解为"非正规""非科学"或无意图的"非教学"活动。相反，"非常规"物理实验是科学正规的物理教育与学生生活经验和体验有机联系的纽带和桥梁，是在理论支撑下的有意图的教学行为。"非常规"物理实验在教学中的设计与运用不是盲目的，而是要以"促进学生有效获取物理知识"为目的。"非常规"物理实验在教学中的设计应遵循以下原则：

（一）目的性原则

因为初中物理实验教学是一种带有目的性的教育活动，所以它在教学活动中不能盲目和随意，没有目的性的教学是毫无意义的。同样，如果要使"非常规"物理实验作为一种高效的教学方式出现在初中物理教学活动中，它就必须要具有一个明确的目的。也就是说，设计"非常规"物理实验的首要任务，就是要先分析"课程标准""教学目标""学生学情"等因素，然后根

---

① 吴冬梅，生物学核心素养在家庭科学实验中落地的思考与实践 [J]. 中学生物学，2019，35（03）：40-42.

据分析结果有目的地从生活中选取容易得到的、学生熟悉的以及操作方便的生活资源对"非常规"物理实验进行设计。

另外，教育者可以根据实际教学需求、根据自己的教学意图在物理教学中设计不同效果的"非常规"物理实验。例如，如果希望实验能够创设出真实情境、激发学生的求知欲，就需要选用学生熟悉的生活材料作为实验仪器的材料，但又要求利用这些熟悉的生活材料设计出来的实验仪器的构造和实验方式是新奇有趣的，所呈现的物理现象是学生意料不到的；若在家庭或社区实施探究任务，就需要考虑实验所需材料是否容易获得、学生的自主实施过程是否安全等。目的性原则是确保"非常规"物理实验教学取得预期效果的前提。

(二) 科学性原则

"非常规"物理实验源自生活，属于科学正规的教学行为。因此，"非常规"物理实验应当具有科学性。"非常规"物理实验的设计过程不允许有科学性的错误，必须在科学规范的方法和思路的引导下进行实验过程的设计，实验方案也应有科学依据和正确的方式。

与常规实验不同，"非常规"物理实验的材料来自生活，具有"生活化"的特点，也有着不拘一格的实验形式。不像常规实验有着严格的、有序的、规范的操作步骤。相比之下，"非常规"物理实验也许会少一些科学性的要求。即使这样，教师在设计"非常规"物理实验时也要本着科学的态度，设计出的实验应有着科学规范的实验探究过程，实验过程要突出科学本质和崇尚科学的精神。对于实验呈现的现象理应做到实事求是。科学性原则是"非常规"物理实验应该把握的最重要的原则。

(三) 熟悉与适度性原则

为了让学生在熟悉的情境中学习物理知识，从情感上对实验更加亲近。"非常规"物理实验的设计要根据教学需要选择学生熟悉的日常生活物品作为实验器具，使学生对实验感到亲切，从而消除学生对物理学的陌生感和觉得物理难学的心理恐惧障碍。但是教师在选取熟悉的材料进行实验时，要注意取材的适度。在取材时，教师应深入学生群体，了解学生之间的差异，比如学生家庭背景的差异，不同家庭背景所拥有的生活用具不同；还有居住不同地区的学生、不同性别的学生、低年级的学生和高年级的学生等都存在着差异，他们对身边所接触的熟悉的物品也许不一样，并不是每个学生对某样物品都了解、都接触过。假如用这些物品来进行实验，不但没有好的效果，反而会给学生造成负担，这是不允许的。

（四）简易性原则

教学实践已表明：越有智慧的实验设计者，往往所设计实验的实验仪器的结构和实验原理就越简单。因此，要想有更好的教学效果，就需要以学生的手、脑以及心理接受能力为前提。"非常规"物理实验的设计就要满足实验原理和实验构造简便，以及实验的操作步骤方便容易的特点。否则，会因实验仪器结构复杂、操作步骤烦琐而使学生分散注意力。同时，"非常规"物理实验结构简单、容易制作和修理，学生没有弄坏实验仪器的顾虑，才能在实验过程中手脑放松进行操作。因此，"非常规"物理实验的设计应力求简单、直观、突出物理过程以及简便易行。

（五）关联性原则

"非常规"物理实验应是学生所要学习的物理知识与其日常生活经验以及实际应用的桥梁。因此，教师设计出的"非常规"物理实验就应该把这三者紧密地联系起来，实验过程应以学生的生活经验为基础，而且实验应能启发学生将所学物理知识与生活现象联系起来，从而解决生活中的实际问题。这样的实验既使学生在理解所学知识，又拓展了教学内容以及物理学习情境的范围，可以促进学生养成对物理知识的迁移能力。除此之外，实验的设计也应该与社会的发展关联起来。这样可以使学生意识到物理知识对人类生活、社会进步都有极大意义，使得学生学习物理更加有动力。

（六）趣味性与体验性原则

处于初中阶段的学生，对一切充满着好奇。教师在设计"非常规"物理实验时，应抓住学生这一"好奇心"的特点来激发他们对物理知识的求知欲望。因此，不管是实验器材的选取、实验方式的选用以及实验现象的呈现，都要体现出趣味性。这样，学生的好奇心和求知欲才会在轻松有趣的学习氛围中被激发出来。

同时，初中生刚接触物理，处于物理启蒙教育阶段，这个阶段教师需要考虑学生直接经验的不足。因此，"非常规"物理实验的设计要使实验者和实验现象充分作用在一起。这就要求实验仪器构造简单而且易修易制作，操作步骤简单，呈现的现象形象生动，容易观察。这样，学生才会在获得直接经验的同时，能够很好地体验实验的过程和方法，还可以深切地感受物理知识与日常生活的联系。

二、"非常规"物理实验的设计思路

(一) 总体设计思路

课堂物理教学是学生学习物理知识最为重要的渠道，因而教师必须重视物理教学过程。根据物理教学的特点，可把初中物理教学过程分为四个环节：课堂导入环节、理解知识环节、深化知识环节、应用知识环节。教学过程中的每一个环节都是重要的，而且是环环相扣的，哪个环节出了问题都会影响整个课堂的教学效果和学习效果。要想提高初中物理教学质量，教学过程需满足导入要"新"、探究要"妙"、运用要"活"。也就是说，新课导入的实验要新奇，出其不意，激起学生思维冲突；探究实验的设计要灵活巧妙、简单易懂，让学生乐此不疲；能做到触类旁通，把学到的知识灵活运用到实际生活中。

"非常规"物理实验自身特有的趣味性、体验性、简易性以及生活化等特点决定了其能成为一种非常适合物理教学理念的、能提高教学成效的初中物理教学方式。"非常规"物理实验的灵活性使其可根据教育者的目的设计安排在每一个教学环节。而根据对"非常规"实验在物理教学中开展现状的调查分析发现，教师在教学过程中的各个环节中缺少"非常规"物理实验，这与学生学习的期望相违背，这种情况成为学生在物理知识学习过程中的绊脚石。因此，笔者尝试尊重学生的学习需求与期望，将"非常规"物理实验融入初中物理教学中。首先对现实中的物理教学四个环节进行调查、考究以及思考，指出各教学环节存在的问题。然后针对导入新课环节，理解知识环节、深化知识环节以及应用知识环节在物理教学上的地位以及特征，联系"非常规"物理实验与物理教学中各个教学环节的契合性。最后根据适合每个环节"非常规"物理实验的设计要求在不同教学环节设计出不同类型的"非常规"物理实验，期望能达到更好的教学效果。

(二) 引入知识型实验

初中物理课堂教学的首要步骤就是"导入"，课堂教学中一个好的导入是扣人心弦和吸人眼球的。高效的导入不仅可以提高学生物理学习兴趣和积极性，还可以帮助教师在物理课堂中创设一个好的开端，进而顺利开展接下来的教学活动。教师要在课堂导入环节想方设法地把物理思维融入学生脑中，这也成为教师做好初中物理教学的一个关键所在。

根据教学内容的实际情况和初中生学习物理的心理特点，如果在导入新课环节中利用"非常规"物理实验来引入相关问题，效果会怎么样呢？利用"非常规"物理实验不仅可以引出真实问题，还可以激发学生的求知欲望和主动思维。

因为"非常规"物理实验所呈现的物理现象是新奇有趣的，原本生活中没有物理用途的物品可以呈现出物理性质，这些有趣的物理现象会使学生与原来的认知产生冲突，进而使学生对冲突的问题进行主动思维。另外，"非常规"物理实验在课堂开端为学生创设物理情境是真实的，让学生亲身感受到其所引出的问题也是真实可靠的。而直接导入、多媒体导入、常规实验仪器导入等新课改方法虽然也可以为学生提供相应的情境，但是在"真实性"和"趣味性"方面与"非常规"物理实验相比还是略逊一筹。

因此，根据物理课堂导入环节与"非常规"物理实验的契合性，可以在导入新课环节开展引入问题型"非常规"物理实验。这类"非常规"物理实验适合在新课讲授之前开展。这类实验的教学目的是通过新奇有趣的物理现象展示出真实问题，以激发学生主动思维和探索知识的欲望。其特点是现象有趣、引人入胜，发人深省。教师在设计引入知识型"非常规"物理实验时，还要注意以下几点：第一，实验要有针对性，每节课都有一个核心内容，实验必须围绕这个核心内容和学生实际展开，使学生明确要学什么、怎么学、为什么要学，使学生有的放矢；第二，实验要有诱思性，设计的实验要有效地调动学生思维活动的积极性，激发学生产生解决问题的强烈愿望，也只有诱发学生的思维，才能让学生在下一环节更好地理解教学内容；第三，精选实验、切忌烦冗。例如，有关大气压的导入，在"塑料瓶变瘪""覆杯实验"与"瓶吞鸡蛋"三个相似实验中只需选择一种，否则学生会眼花缭乱，注意力转移，难以回到本节课内容上来。

（三）理解知识型实验

对物理知识的理解往往决定了初中生的学习成效。中学的物理知识主要包括物理概念和物理规律，它们不仅是学生物理学习中的重中之重，还是学生走进物理大门的第一步。有人曾这么说过，在中学阶段，如果把物理学科看作一座大厦的话，那么构成这座大厦所用的砖石和钢筋框架就是物理概念与物理规律。而一个好的、经验丰富的物理教师，就会极其重视学生在物理概念和物理规律方面的学习，总是想方设法让学生在真实的、有意义的物理情境中学习。没有任何情境的教学称不上教学，这和让学生自己看书学习是没有差别的。既然教师在课堂上，就要发挥教师的作用，为学生提供学习物理的情境。初中阶段的物理概念和物理规律大多是通过实验建立起来的，所以想让学生理解物理知识，教师为学生创设的实验情境或者通过引导学生动手做实验是必不可少的。在帮助学生理解物理知识的教学环节中，教师创设出来的物理情境要让学生感受到"真实"，并且让他们有很好的"体验"，这样学生才能在真实情境中有意义地自主建构物理概念、探究物理规律。"非常规"物理实验在学生建构物理概念和探究物理规律时发挥出重要作用，有利于学生对知识的理解。实验器具源于学生熟悉的、经常接触的日常物品，这不仅拉近了物理学与生活的距离，还拉近了物理学与学生的距离。熟悉的实验器具创设的情境是让学生感到亲切的，可使学生在实验学习中全身心投入，进而对知识主动思维、加工和保持。而且，"非常规"物理实验常以简单的形式出现，结构原理直观，呈现的物理现象易被学生接受，使学生在感性认识的基础上理解物理概念和物理规律。

由此，笔者在知识点讲授环节引入了理解知识型"非常规"物理实验，这类"非常规"物理实验是在建立物理概念和物理规律中，让教师或学生利用生活中熟悉的物品作为实验器具，在物理课堂上进行教师演示实验和学生动手实验。其目的在于为学生创设真实的、有意义的物理情境，通过以事实为依据，展示真实可靠的物理过程和形象直观的实验现象来帮助学生对物理知识进行深层理解。对这类实验的设计思路是：第一，实验条件要明确，观察现象要明显，实验程序要分明；第二，根据教学实际，变验证性实验为探究性实验，突出学生的主体作用；第三，根据教学需要，可与常规实验有机结合起来，相互补充、相互渗透，以优化物理实验教学。例如，一些物理知识点，特别是物理规律，一般都是配有常规物理实验去帮助学生理解的。对于这类知识点，我们不妨尝试先利用"非常规"物理实验引导学生对知识点得出一个定性的结论，然后再利用实验室的常规物理仪器设备进行实验探究得出半定量或者定量的结论。这样，"非常规"物理实验和常规物理实验有机结合起来，共同完成物理知识的教学；第四，精心设计问题、引导学生主动思考。在进行"非常规"物理实验教学时，教师不能只注重实验的操作过程与实验现象，而忽视了在实验教学中引出相关问题让学生思考。教师对这些问题不能随意和盲目提出，而应精心设计，实验中给学生呈现的问题是具有规范性、梯度性以及指向性的，即问题不能超出学生的认知范围，问题要由浅入深，层层诱导，并且要让学生知道从哪个角度去思考。

(四) 深化知识型实验

学生刚学习完物理知识的时候，虽然已经对这些物理知识有了一定认识和理解，但是这些认识和理解只是暂时的表层理解，属于浅理解，也许学生在课上理解了，课后或者再过一段时间如果没有及时得到巩固的话就会遗忘，而且这些概念和规律都是最基本的，学生除了要掌握这些最基本的知识点外，还要掌握与这些基础概念规律相关的知识，还要对这些知识点进行灵活运用，以解释和解决问题。所以说，对物理概念和物理规律知识的深化是非常重要的。它影响着学生对知识点理解的深度。如果仅靠刚学会的基本概念或者规律是很难进行知识迁移的。当学生课后做题遇到变式的题目时，就会联想不到相应的知识点。为了防止学生所学的知识仅停留在浅理解层面，这就需要教师及时对相关知识点做出进一步的深化讲解，加深学生对知识点的理解和记忆。在实际教学中，有的教师会忽略知识深化环节，认为在课上学生只要理解和能用文字表达出基本的概念和规律就是完成任务了。因此，导致部分学生只停留在物理概念或者物理规律的文字阐述上的理解，而不是真正透彻地理解物理知识，知识得不到深刻的记忆。另外，也有教师在学生学习完相应知识点后，采用做习题的方法帮助学生加深对知识点的理解和记忆，这也是一个帮助学生深化知识点理解的好方法，但根据初中生的兴趣特点，与做题相比，他们更喜欢动手做实验，特别是有创造性的、新奇的"非常规"实验。

在学生理解知识后再顺着学生的兴趣开展能够深化相关物理知识点的"非常规"物理实验，通过让学生在真实的实验现象中利用已有的知识点思考、分析问题。这样不仅能让学生在深化理解知识点的过程中有更好的感官体验，还能加深学生对知识点的理解和记忆，同时符合学生的认知规律。这类实验称为深化知识型的"非常规"物理实验，一般是在建立概念或者规律之后进行的，其目的在于加深理解、强化记忆。而这类实验的设计思路是：第一，要充分了解学生的学习情况，并遵循循序渐进的教学方式，因为学生对物理概念和物理规律的掌握不可能一蹴而就，必须受到多次"刺激"才能获得成功，所以教师要根据教学情况适当设定好深化知识型"非常规"物理实验的呈现时机和次数，也就是说，实验要由浅入深、从易到难；第二，教师提出相应问题并提供多种实验器材，让学生根据所学的物理知识和物理方法自行选择实验器材进行实验，以解决提出的问题；第三，很多物理习题中的内容具有生活化的特点，都能以"非常规"实验的形式开展，所以教师要善于从物理习题中发现实验资源，让学生能够在真实情境中学习，强化对物理知识点的记忆。

（五）应用知识型实验

初中物理课程标准要求物理教学应该秉持"从物理走向生活，从生活走向物理"的教学理念。我们都知道，物理的很多知识和原理都和日常经历中的场景有很大的关联，而且在原有事实经验的基础上又有一些提高，但是不可否认的是，这些知识和原理都在我们身边，存在于我们生活实践的方方面面。初中物理的教学就需要教师在教学设计过程中，将物理知识与生活实践紧密联系起来，这样使学生对物理知识的迁移与应用能力得到加强，有利于学生的终身发展。那么，在初中物理教学的课堂中，物理教学能否与生活紧密联系起来、学生能否用所学到的物理知识去解释生活上的事物或者应用到生活上，这都是检验初中物理教学是否成功有效的判断依据。

因此，在初中物理教学中开展应用知识型"非常规"物理实验有很重要的意义。这类"非常规"物理实验一般在基础知识学习最后的环节进行。其目的是使学生在课堂上所学到的物理知识在现实生活中得到体现，让学生知道物理知识对生活、社会都有着极大意义，同时提高学生运用物理知识分析、解决生活中遇到的问题的能力。对这类实验的设计要求是：选择学生熟悉的生活用品、器具，或者利用其他简易方法，展示物理知识的具体应用；原理要直观，现象要明显。

导入环节、理解知识环节、深化知识环节以及应用知识环节在初中物理教学中是非常重要的，不可忽略。但要注意的是，教学过程中的每一个环节不一定都需要进行"非常规"物理实验，实验不是越多越好，而是要视教学的实际情况而定，合理安排"非常规"物理实验应在哪个环节开展。例如，有些教学内容需要利用"非常规"物理实验深化知识，有些教学内容就不适合，而是要用到其他更好的教学方式。

第四节 "非常规"物理实验的教学策略

一、从学生的认知冲突出发，创设情境

学生不是空着脑袋进入课堂的，他们在日常生活中会获取大量的知识，但其中有一些知识是片面的，甚至是错误的，"非常规"物理实验教学依托学生熟悉的物品展开实验，给学生营造一个熟悉又陌生的情境，让学生头脑中的前概念和意想不到的现象发生冲突，有利于错误概念的转变。

例如，在预测燃烧蜡烛的归宿的实验中，把蜡烛固定在杯底，点燃后，往杯中加水将近与蜡烛齐平，让学生猜想当蜡烛与液面齐平后会不会熄灭。大多数学生觉得肯定会立马熄灭，而一些学生联系熔化、凝固的知识后认为不会熄灭，可能外壳与水接触温度较低，不会熔化；但实验的现象有多种可能，比如有一种是火焰先变小之后变大再变小。学生的生活经验是"水火不相容"，但这个实验的结果大大出乎学生的意料，之后让学生进行猜想，探究

是什么因素影响蜡烛的燃烧，再设计实验分析验证，对学生的思维能力的培养有很大益处。

二、激发学生的兴趣，促进学生自主获取知识

初二物理有很多知识点对学生来说并不陌生，学生在小学科学课上、日常生活中获得大量的前概念，面对生活中很多常见的现象和知识，很多学生会出现"轻敌"现象，认为自己不用学就已经会了，这时如果教师只采用讲授法进行教学，学生很容易出现分神、注意力不集中的情况，这时教师可以应用"非常规"物理实验"为难"一下学生。例如，在光的反射这一节，笔者用一个小游戏：让光指向指定的位置进行引入。实验是这样的：笔者找来一支激光笔，把它固定在铁架台上，打开激光笔，让光指向一处，之后在投影白屏上设一标志，要求学生在不动激光笔方向的前提下，让光指向标志。因为学生已经模糊地知道平面镜对光有反射作用，所以很多学生一开始就举手，说可以用平面镜完成这个任务并想上讲台试一试。所以很多学生上讲台后拿着小平面镜看看激光灯，再看看标志，不停地调节平面镜的角度和位置，只有一位学生在短时间内完成了这个任务。这么一个看似简单的要求，学生没想到完成起来这么困难，打击了他们的信心，却牢牢抓住了学生的兴趣点和求知欲。

三、从可能出现的问题出发，有针对性地应用"非常规"物理实验

在教学中，普遍存在学生不往教师希望的方向去想、去做的现象，这就需要教师在课前充分备教材、备实验、备学生，这样面对课堂出现的"非常规"的答案，教师才能做到及时有效地解决，而不是采取忽略和躲避的态度，即要求教师正确地做好预设和生成的工作。例如，证明大气压存在的经典实验是覆杯实验。实际上，单凭一张纸拖住一杯水的现象学生是很难相信和理解是大气"托"住了水。很多学生观察到水和纸中间有一点缝隙，认为是纸被水吸住了。在一个教研活动中，一位名师是这样点评这个实验的：可以先在玻璃罩中演示这个覆杯实验，之后把玻璃罩抽成真空，纸片和水将全部落下，这样学生会得出结论："有空气时，大气压"托住了纸张和水，而没有空气对应的"托力"将消失。其实，只要在实验设计上下点工夫，在缺

乏抽真空的厂制仪器时也能做到。将饮料瓶从中间剪成两部分（注意边缘的齐整），之后在瓶盖上打一个小洞。实验时，第一次堵住小洞，做覆杯实验，第二次，放开手，水和纸张下落，实验效果十分明显，学生也能明白并不是水吸住了纸张，而是大气"托起"了水。

四、面向全体学生，提升实验的效果

物理课堂演示实验是指在课堂上为学生演示的，主要由教师来完成的，并且在操作的同时又引导学生对实验进行观察、思考和分析的一种物理实验教学方式。在实验教学中，演示实验是较常见的课堂实验形式，而在班级授课制的前提下，演示实验的形式和效果是教师需要重点考虑的。这要求教师要善于运用教室中的各种资源，如实物投影、多媒体、黑板、桌椅，配合教师形象生动的言语，提升演示实验的效果。教师可通过将实验器材做大、做简单些，选择操作简单且现象明显的实验进行教学。例如，在讲光的折射时，教师可以引入生活中"叉鱼"这个问题，配合乒乓球、大水槽、铁架台、管子、长铁丝、激光笔进行实验。教师用这个实验来探究光的折射，效果良好。教师也可以改变实验的呈现方式。例如，在光的反射中，教材上提到一个在暗室中的实验：纸亮还是镜子亮，把教室变成暗室并不实际。在教学中可以这么做，把 PPT 投影到屏幕上，操作时把平面镜放在白色有光的部分，便可以人工造出一个"暗室"，演示效果很好。

五、唤醒创新意识、激活创新潜质

（一）挖掘实验素材，唤醒创新意识

生活的一切时间和空间都是物理学习的课堂，丰富多彩的生活资源充满生机，是充足优质的"非常规"物理实验素材。在教学中，教师应该鼓励学生充分利用生活资源开发、应用"非常规"物理实验，满足他们的成长需求，并充分发挥想象力，大胆实践，自觉唤醒创新意识。

（二）创设质疑情境，激活创新潜质

质疑问思是训练学生思维能力、形成创新思维的重要途径。"非常规"

物理实验的开发、应用有利于创设质疑情境。在开发过程中，学生极易遇到各种困难和挑战，教师以此诱发质疑，能够激发学生提出新问题、发表新见解、发展新思维，激活他们的创新潜质。

（三）创造动手机会，开启创新行为

结合教学实际，教师应该充分利用生活资源为学生搭建更多动手动脑的平台，营造"非常规"物理实验的开发氛围，创造"非常规"物理实验的开发条件，让每个学生都有足够的实验机会。挖掘"非常规"物理实验的创造因素，与物理教学内容、教学途径和教学方法进行整合，创造更多的动手动脑创造的机会，开启学生的创新行为，探索在物理教学过程中运用"非常规"物理实验培养学生创新思维的规律。

（四）激励自主设计，培养创新能力

创新是复杂的思维活动，需要创新活动，更需要实现创新活动的舞台。初中生天马行空的想象力，充满了无限的创新性。他们敢于想象、敢于发现、敢于探索。"非常规"物理实验的开发、应用，就是学生实现创新活动和探索发现的舞台。根据教材内容、教学特点和不同的教学对象，创造不同情境，激励学生根据学习内容自主设计、独立思考、开发"非常规"物理实验来完成学习，充分挖掘学生的想象力和创造力，培养创新能力。

激活创新潜质必须要有创新思维活动，创新思维活动是他人无法替代的。"非常规"物理实验的开发、应用，是学生创新思维活动的过程和舞台。物理知识与生活资源的融合与碰撞，开发、应用"非常规"物理实验，就会点燃学生创新思维的火花，开启创新行为。教师在教学中应该加强"非常规"物理实验的开发、应用，并将"非常规"物理实验与常规物理实验进行有机整合，为学生营造创新氛围、搭建创新平台，在促进认知发展的同时，激活他们的创新潜质，培养他们的创新能力。

第五章 基于生活化材料的物理演示实验设计与教学

第一节 教材中光现象实验内容分析

一、基于生活化材料的物理演示实验教学的必要性

物理作为一门以实验为基础的科学，如何有效开展实验教学，对发展学生的物理核心素养起着至关重要的作用，特别是在如何提高学生的物理学习兴趣、加强学生物理实验探究能力等方面。新课程标准特别指出，物理课程的目标是发展物理核心素养，包括物理观念、科学思维、科学探究、科学态度与责任。其明确提出了对实验探究的较高要求，鼓励实验探究，加强科学思维、科学推理及模型建构的能力。中学生应当具备创新、实践能力以及科学、人文素养，掌握终身学习的技能。强化学生对物理实验的观察、操作、记录与归纳，让学生对物理事实有更进一步的具体而明确的认识，是学生理解物理概念与物理规律的必要基础。在教学过程中，有效实施物理实验对培养学生的观察能力、实验能力和实事求是的科学态度，激发学生的学习兴趣，具有不可替代的重要作用。随着教育事业的不断发展，中学物理教学的实验教学环节也越来越被重视。各级教育行政部门以及广大一线物理教师也逐渐加强了实验教学的实施。

基于当前初中物理演示实验资源及教学实施的现状，本书提出利用生活化材料进行初中物理演示实验设计并展开教学实践的研究，以推动初中物理演示实验的资源建设和实验教学的有效实施，最终达到帮助学生掌握物理概念、物理规律，提高学习能力与动手实践能力，形成科学的逻辑思维与推理能力，培养实验探究能力，激发物理学科学习兴趣的目的。

通过基于生活化材料的初中物理演示实验的设计与实践，对于学科、学生、教师等多方面的发展都具有重要意义。

在学习方面，教师应该转变学生的学习方式，促进学生对物理学科知识的掌握，了解物理现象的原理；在发展方面，教师要让学生认识各方面与生活密切联系的知识结构，拓宽知识面，为发展奠定扎实有力的基础；在能力方面，教师在实验器材的准备与实验操作过程中，要逐渐提高学生对物理知识的理解能力，锻炼他们的动手实践能力。在解决问题的过程中，教师要激发学生的创新精神，培养他们的创新能力；在学习态度方面，教师要让学生感受到物理知识的实用性，启发学生主动探索，激发他们的好奇心与求知欲。

在学科资源方面，能够丰富物理实验教学资源；在学科教学方面，转变课堂教学形式，使课堂教学内容更加丰富。在教师发展方面，提高教师的教学水平与专业知识水平。

总之，通过基于生活化材料的初中物理演示实验的设计与实践，能够促进物理学科资源建设，提高物理实验教学实施频率，促进学生物理核心素养发展。

本书主要研究基于生活化材料的初中物理光学演示实验的设计及实践，分析了解当前初中物理演示实验教学现状，针对目前初中物理演示实验教学存在的突出问题，设计简易可行的基于生活化材料的初中物理光学演示实验，并将其应用在实践教学中，以此来提高初中物理实验教学效果。

二、初中物理教材中光现象实验内容分析

(一)现行教材光现象实验内容

在生活中有关光现象的例子是较为常见的，学生在成长生活的过程中都或多或少接触过，如影子、水中倒影、放大镜、近视镜、彩虹等，在小学科学课中也已经有了一些了解，但对于这些认识都还是较为肤浅的，还不能用物理知识科学地解释原理。光学内容是学生接触物理学以来第一个会感到比较有难度的知识点，对于光现象的教学更需要教师重视，要寻找合适的实验教学方法，帮助学生把握重点、突破难点[1]。

笔者对目前主要版本的初中物理教材进行整理和比较分析后发现，初中物理教材中光学的实验内容主要包括以下几个方面：

---

[1] 廖建平. 中学物理教学中低成本实验的思考 [J]. 科技信息 (学术版), 2007(09): 221-222.

1. 光的直线传播

（1）影子的形成。教材中在认识光在同一种均匀介质中沿直线传播的基础上，结合学生的生活经验，又引入手影的内容，加深学生对这部分知识点的记忆与理解，这是一个很好的基础性的生活实验。这一实验的特点在于，实验虽然简单，却有着重要的实施意义。很多学生只是对生活中类似手影这样的光学现象有一些印象，并不会对其进行仔细的观察与分析，如果学生在刚开始学习光学时，接触的实验能够与生活有较大联系、易理解，这样会大大增强学生对光学知识学习的自信心。

（2）小孔成像。小孔成像是光在同一种均匀介质中沿直线传播教学内容的一个重要实验。物体通过小孔在另一侧光屏上呈现一个倒立的实像。移动物体，使物体到小孔的距离发生改变，会看到像的大小随之发生改变，有时相对于物体更大，有时相对于物体更小。改变小孔的形状，观察像，会发现像的形状不随小孔的形状的改变而改变，但当小孔的面积变大时，像的亮度会增加。

2. 光的反射定律

（1）探究光的反射规律。探究光的反射规律是一个重要的光学实验，它是后续教学内容，尤其是理解平面镜成像特点的基础。通过多组实验，分析反射光线与入射光线，反射角与入射角，反射光线、入射光线和法线的关系，启发学生通过设计实验寻找问题的答案。这一实验是学生从八年级学习物理以来接触的相对最系统的第一个在解决实际问题时的探究实验，具有重要的教学意义。

（2）探究平面镜成像特点。平面镜成像这一实验是对光的反射原理的运用，对学生的要求相对较高，要在能够完全理解光的反射定律的基础上，用光的反射原理解释实验现象。该实验的关键是，要能够清楚观察到平面镜所呈现的像，然后在对实验原理进行理解的基础上，能够解释实验现象的原因，记住实验结果，即平面镜成像特点：像与物等大，像距等于物距，像与物关于平面镜对称，所成像为虚像。同时，结合生活经验加以应用，能够解释更多生活中有关平面镜成像的事例。

3. 光的折射定律

（1）探究光的折射规律。光的折射实验的重要性与探究过程类似于光的反射实验，需要学生以对光的反射的理解做基础，但光的折射相对光的反射的实验又有所提高，学生理解起来更加有一些难度，并且在此实验后要对两个实验进行联系与比较，拓展学生的知识储备，夯实学生对光的传播定律的掌握。

（2）观察透镜对光的作用。教材中通过文字表述，简述了凸透镜与凹透镜的定义，以及各自的特点。在实验中，用一束平行光线照射在不同的透镜表面，观察光路，研究不同透镜对光的作用的不同特点。想要得到准确的实验结论，就需要观察到清晰的实验现象。因此，对实验环境与实验设备有较高的要求，才能帮助学生得到准确的物理结论。

（3）探究凸透镜成像的规律。凸透镜成像规律这一实验是中考实验操作中的一个重难点实验，也是学生学习与运用光的折射知识的一个重点实验，并且对学生来说这是光学知识的一个难点，多数学生表示"凸透镜成像规律"是光学知识中最容易糊涂的内容。该实验要求较高，很多学生从这里的学习开始对物理学科失去信心，影响他们对后续物理知识的学习。由此可见，掌握这一实验成像规律的重要性。

（4）近视眼和远视眼的形成及矫正。关于近视眼与远视眼的形成原因是对凸透镜成像知识的一个巩固与延伸，需要以学生对凸透镜成像规律的牢固掌握为前提。它是把物理知识与日常生活现象进行联系的很好的例子。该实验的重要意义在于巩固与提高学生的理论知识，培养学生对物理学科的学习兴趣，加强学生关于理论与实践相联系的思想。

（5）认识光学仪器：照相机、显微镜、望远镜。对照相机、显微镜、望远镜的认识与研究，是对光的折射及凸透镜成像知识更进一步的延伸，是把物理知识与科学研究、把物理知识与生活用品进一步紧密联系在一起。学习中需要扎实的理论知识做铺垫，要在对前面的实验原理的理解的基础上，再进行学习。

4. 光的色散

提到光的色散，最容易联系的生活现象就是彩虹的形成，这一知识很容易引起学生的兴趣。彩虹不是随处可见的，但如果能够通过对物理知识的学习，掌握制作彩虹的方法，对于学生来说是非常乐于接受的。因此，如果在教学中能够好好利用这一实验内容，对于激发学生的自主探究能力，培养学习兴趣则有很大帮助。

（二）现行教材中光现象物理实验实施分析

1. 光的直线传播

（1）影子的形成。对于光在同一种均匀介质中沿直线传播的知识点学生是较容易理解与接受的，但对光在空气中的传播路径是不能够完全观察到的，教师需要在教学中利用演示实验向学生展示，让学生有更清晰直观的认识。在常规化课堂进行这个实验，效果并不理想。实验要在较暗的环境下进行，并且要有合适的光源。教室没有足够每位学生观察手影的环境，适合学生课后在家中进行，教师需要组织学生课下讨论。通过这些措施，可以使学生对光的直线传播规律有更加全面与深刻的理解和认识，并且在进行光学小实验时，能够激发学生对于光学知识学习的兴趣。

（2）小孔成像。小孔成像这个实验是对光在空气中沿直线传播的典型例证，学生基于生活经验，不难理解光在空气中沿直线传播。在实际教学中，教师普遍比较重视对这一实验的相关理论知识的考查，很少有教师演示过此实验，对这一实验现象都是通过口头讲述与练习的方式使学生掌握。学生对于光经过小孔之后具体会呈现出什么现象、小孔对实验现象究竟有什么具体的影响，还是很模糊的。因此，在教学过程中不能仅仅依靠教师的语言讲解，还需要通过实验将现象具体呈现出来，让学生亲眼观察成像的特点。教师可以通过演示实验突破教学重难点，辅助学生对后续更多光学现象的理解。

2. 光的反射定律

（1）探究光的反射规律。此实验对实验器材的要求较高，需要专门的教学实验演示仪器。此实验对教室内的演示环境也有较高要求，需要学生清楚观察到光路的改变，对于教室后排的学生来说几乎是无法实现的，并且这一实验只能在课堂上由教师演示，学生在课下遇到问题，或印象不深想加以巩固时都无从下手。

（2）探究平面镜成像特点。平面镜成像实验是教材中光学教学过程中的一个重点，要求学生牢固掌握，这一内容不单是对光的反射知识的理解与巩固，还锻炼了学生的实验探究能力。通过学生的动手实验，可以帮助学生理解与记忆。平面镜成像实验对实验环境、实验器材、实验操作的要求都较高。实验需要在较暗的环境下进行，才能清楚地观察到像所在的位置，并且后排学生根本无法参与实验。代替平面镜的玻璃板不能太厚，要保证能够垂直放在桌面上，实验所用的蜡烛要外形相似，器材稳定后要缓慢移动蜡烛，寻找像的位置。实验中任一过程出现问题都会影响学生对实验结果的判断，并且教师在演示这一实验时，由于实验过程较长，要注意实验操作，学生很难真正参与其中，有条件的学校会选择让学生在课上利用学生实验器材自行操作。同样，利用课堂实验器材，学生在课后无法进行复习与巩固。

3. 光的折射定律

(1) 探究光的折射规律。光的折射实验相对是一个难点，需要采用不同介质进行实验，让学生掌握光在不同介质之间发生折射的规律。要采用多组、多次实验得出折射规律，需要学生准确掌握，对实验的要求自然要高些。然而在实际教学中，这一实验并不能够被普遍实施，主要原因还是对实验环境与实验器材的较高要求。

(2) 观察透镜对光的作用。这种光学实验同样需要在较暗的环境下进行，才能较清晰地观察光路。相对光的反射与光的折射实验来说，透镜是光的折射原理的一个运用，是较简单的一个小实验，这种实验和生活的联系更大，更容易在日常生活中得到运用，更适合学生结合生活经验去发现和设计一些生活化的小实验，掌握使用原理，加深对透镜及光的折射知识的理解与应用。经过教师的启发引导，让学生在课下自己动手操作。

(3) 探究凸透镜成像的规律。凸透镜成像规律这一实验是教材中要求的一个重要实验。然而，实验条件要求较高，如首先必备仪器光具座，就不是所有学校都可以满足的，难以在课堂上实际操作。学生对实验的基础理论知识的理解与掌握，以及实验动手操作能力的锻炼与提高，可以通过课下补充的基于生活化材料的物理小实验得以加深，提高学生知识水平，训练学生实践能力。这些对学生关于凸透镜成像规律的理解具有很大的帮助，并且能够很好地帮助学生树立对这一知识点学习的自信心。

(4) 研究近视眼和远视眼的形成及矫正。虽然这一实验与生活现象联系密切，但是在实际教学中，教师多数还是以讲实验、做练习的教学方式为主，以语言讲授代替实验操作，学生的学习兴趣没有被最大限度地激发出来，原本与生活密切联系的教学内容最终还是回归到教材图片与课后习题上。如果对这一内容加以利用，设计有趣的生活化物理小实验，让学生亲自动手体验，会给学生的物理学习带来很大的帮助，使学生再次深刻体会到物理理论知识与日常生活现象的紧密联系。

（5）认识光学仪器：照相机、显微镜、望远镜。这一实验把知识与实践有效地结合起来，用生活物品探究物理原理，很好地帮助学生加强推理运用能力。只是对于生活条件相对落后的偏远地区的部分学生来说，照相机、显微镜、望远镜虽然没有那么神秘，但也不是生活中随处可见的。如果能把这些仪器的原理与生活中的常用物品联系得更紧密，与学生的生活更息息相关，则会使学生更容易理解与掌握。

4. 光的色散

光的色散实验原理相对容易，实验过程也很简单，操作起来很方便，学生也容易理解它是彩虹形成的原因。但如果对这一实验一带而过，学生并不能够很好地理解彩虹形成的具体过程，也不能体会到这一实验原理与生活的紧密联系。如果能够通过一些更加生活化的材料进行实验操作，让学生观察、体会各种形成彩虹的方式，则不失是对学生物理知识的巩固与学习兴趣培养的好方法。

第二节　基于生活化材料的光现象演示实验设计

在学生的生活中有不少光现象，这些光学生活现象使学生获得了一些经验。如果能很好地利用这些经验，并加以梳理，对学生来说不但容易理解并掌握物理原理，还能很好地激发学生对物理学习的兴趣。在此基础上，可以较大程度地激发学生的创新思维能力，有利于全面推动学生物理学习的进步与发展。在光现象的教学中，教师可以有效利用生活中的物品，进行一些简单的小实验设计，帮助学生理解，带领学生走向物理光学的学习中去[1]。

---

[1] 刘良华. 教育研究方法：专题与案例 [M]. 上海：华东师范大学出版社，2007：21.

一、光的直线传播生活化实验设计

(一) 光在空气中的直线传播

实验目的：
探究光在空气中沿直线传播。

实验原理：
光在同一种均匀介质中沿直线传播。

实验一：

实验材料：
激光笔、蚊香 (或空气清新剂)、火柴。

实验步骤：

教师可以以激光笔为光源，利用丁达尔效应，在激光照射的方向上点燃蚊香，用蚊香产生的烟雾 (或喷洒空气清新剂) 来显示空气中光线的传播路径，让学生进行直观的观察。

实验二：

实验材料：
激光笔、纸板两块。

实验步骤：

(1) 请两位学生参与实验，各拿一块事先钻了孔的纸板。

(2) 先将两块纸板的小孔位置错开，两人相离一段距离，用激发笔射向黑板的方向并对准其中一块纸板上的小孔照射，让学生观察现象。

(3) 再让两名学生调整手中纸板的位置，使小孔的位置能够重叠在一条直线上，同样用激光笔照射其中一个孔，让学生观察现象。

实验分析：

步骤 2 的操作学生在黑板上将不能发现光斑，步骤 3 的操作学生在黑板上可以观察到光斑，通过思考讨论，引导学生发现当光源、纸板上的两个孔在同一条直线上时，才能有光照射到黑板上，进一步得到光在空气中沿直线传播的结论。

（二）光在水中的直线传播

实验目的：

探究光在水中沿直线传播。

实验原理：

光在同一种均匀介质中沿直线传播。

实验材料：

激光笔、水、墨汁（或牛奶）。

实验步骤：

教师可以仍以激光笔作为光源，根据丁达尔效应，在水中加入少许墨汁（或牛奶），然后搅拌均匀，用激光笔射向水中，就可以很清晰地显示出光路，方便学生更清楚地进行观察。

（三）利用易拉罐演示小孔成像实验

实验目的：

探究小孔成像特点。

实验原理：

光在同一种均匀介质中沿直线传播，小孔成像为倒立的实像。

实验材料：

空易拉罐、塑料盖子、蜡烛、火柴。

实验步骤：

（1）在罐底的中间位置钻一个小孔。

（2）拿一个半透明的塑料盖子把瓶口盖上作为光屏。

（3）点燃蜡烛作为光源，使光源对着罐底的小孔，这样可以在塑料盖子上看到一个较为清晰的蜡烛的像，对所呈现的像的特点进行观察分析。

（4）改变蜡烛到罐底小孔的距离，观察像的大小等方面的变化。

实验分析：

步骤3的实验操作可以在塑料盖子上观察到一个倒立的像，通过步骤4改变蜡烛到小孔的距离后，在塑料盖子上看到的像的大小也会随之发生变化。结合这些现象，教师再进行梳理分析，能够帮助学生更清晰、准确地理解光的直线传播及小孔成像的特点。教师可以鼓励学生课后自己动手做实验，制作简易的小孔成像模型。

(四) 用塑料瓶盖自制针孔眼镜

实验目的：
自制针孔眼镜，了解针孔眼镜在生活中的作用。
实验原理：
小孔成像。
实验材料：
塑料瓶盖两个、大头针、打火机、线 (或绳)。
实验步骤：
(1) 利用打火机把大头针尖端烧红，在两个塑料瓶盖中间及两侧对称位置各扎一个孔。
(2) 用线把塑料瓶盖从两侧孔穿在一起或者用绳把两个塑料瓶盖系在一起，制成眼镜形状。
(3) 通过此眼镜的小孔观察周围物体。
实验分析：
不管眼睛是否视力正常，通过这副眼镜都能够看清楚周围的物体。由于小孔成像中，物体反射出来的光线通过小孔，不管距离小孔远近，在另一侧的光屏上所成的像都是清晰的。人眼睛的视网膜就相当于光屏，一般情况下，近视眼成的像在视网膜之前，远视眼成的像在视网膜之后，而通过小孔之后成的像都可以呈现在视网膜上，这样就可以看清楚物体了。

(五) 用易拉罐自制针孔照相机

实验目的：
认识针孔照相机的原理。
实验原理：
光的直线传播、小孔成像。
实验材料：
两个易拉罐、钉子、塑料薄膜。

实验步骤：

(1) 把稍大一点儿的易拉罐底部用钉子钻一个小孔，另一端的盖子去掉。

(2) 把稍小一点儿的易拉罐底部去掉，蒙上塑料薄膜。

(3) 把小易拉罐从底部套进大易拉罐中，制成简易的针孔照相机。

实验分析：

将小孔一端对着要观察的物体，眼睛从另一端向易拉罐里面的薄膜上看，就可以观察到物体所成的像。前后拉动小易拉罐，可以看到像的大小也会发生变化。这利用的是光的直线传播及小孔成像原理，当物体离小孔的距离或光屏离小孔的距离发生改变时，像的大小也会随之发生改变。

二、光的反射现象生活化实验设计

(一) 凹面镜对光的反射演示

实验目的：
演示凹面镜对光的反射作用。

实验原理：
凹面镜对光线具有会聚作用。

实验材料：
手电筒反光镜、火柴。

实验步骤：

(1) 寻找一个手电筒，将手电筒的反光镜作为一个凹面镜置于太阳光下。

(2) 调整手电筒反光镜的位置，使太阳光线正对反光镜。

(3) 然后取一根火柴，将火柴头放在反光镜的焦点位置，过一会儿火柴会被点燃。

实验分析：

这是因为太阳光作为平行光线，照射在凹面镜上时会发生反射，且反射光线会交于一点，即凹面镜的焦点，这会使火柴头的温度升高，当温度达到火柴头的燃点时，火柴就会被太阳光点燃。

（二）平面镜成像的演示实验

实验目的：

探究平面镜成像的特点。

实验原理：

平面镜成像，像与物等大，像距等于物距，像与物关于镜面对称。

实验材料：

玻璃板、白纸、两支蜡烛、火柴、刻度尺。

实验步骤：

（1）将白纸铺在水平桌面上，白纸中间位置竖直放置玻璃板作为平面镜，玻璃板可借助书本等用品固定。

（2）将其中一支蜡烛点燃竖直放在玻璃板一侧，在蜡烛这一侧通过玻璃板可以观察到蜡烛在另一侧所呈的像。

（3）通过另一支未点燃的蜡烛，在玻璃板另一侧移动，去寻找像所在的位置，以及比较像和物的大小关系。

（4）用刻度尺分别测量出这两支蜡烛到玻璃板的距离，比较大小关系。

（5）移动这支点燃的蜡烛，进行多组实验。

实验分析：

通过这些实验现象可以总结出平面镜成像的相关规律，即本节实验的重点内容，平面镜所成的像与物的大小相等，像到平面镜的距离与物体到平面镜的距离相等，像与物关于平面镜对称，所成的像是虚像。学生通过这些简单的实验器材，亲自动手实验，加深了印象，也加深了对光的反射、平面镜成像知识点的理解，通过实验与分析的过程，很好地锻炼了学生的实际操作与推理能力。

三、光的折射现象生活化实验设计

（一）制作简易透镜

实验目的：

了解透镜。

实验材料：

一次性塑料薄膜手套、清水。

实验步骤：

用一次性塑料薄膜手套制作简易透镜，在手套中加入清水，鼓起的手套相当于凸透镜，可以通过它观察到被放大的文字和图片，而把手套捏扁时，发现文字和图片会缩小。

(二) 利用生活材料展示"海市蜃楼"

实验目的：

认识"海市蜃楼"现象。

实验原理：

光的折射。

实验材料：

矩形玻璃容器、食盐水 (糖水或酸性定影液等)、房屋模型 (或其他物体代替)。

实验步骤：

(1) 利用一个矩形玻璃容器装适量食盐水 (糖水或酸性定影液)，深度约15cm。

(2) 在容器中加入大约 1/3 量 (深度 4cm) 的清水。

(3) 在容器的一侧大约 12cm 远处放一个房屋模型 (或用其他物体代替)，模型要有光照亮，这样才能清楚观察。

(4) 学生在容器的另一侧就能看到"海市蜃楼"现象。

(三) 凸透镜对光的会聚作用

实验目的：

认识凸透镜对光的会聚作用。

实验原理：

光的折射，凸透镜对光有会聚作用。

实验材料：

放大镜、气球。

实验步骤：

（1）将一只放大镜放在阳光下，在放大镜下阳光另一侧放一个吹饱的气球。

（2）调整气球位置，使气球处于放大镜的焦点位置。

（3）等待一段时间，用太阳光使气球表面温度升高，当温度达到一定值时，气球会被点爆。

（四）用自制放大镜观察物体

实验目的：

认识放大镜的功能。

实验原理：

光的折射，凸透镜对光线有会聚作用。

实验材料：

彩色珠子、杯子、保鲜膜、清水。

实验步骤：

（1）将彩色珠子放入杯子中，用保鲜膜把杯口封住。

（2）用手轻轻按压保鲜膜，使保鲜膜中间凹下去一点儿，呈倒锥状。

（3）在保鲜膜中间倒适量清水，通过保鲜膜中间有水的部分观察杯中的珠子有什么变化。

实验分析：

在保鲜膜中加水，自制了一个简易的凸透镜，即放大镜，通过放大镜观察珠子，会发现珠子变大了。这就是凸透镜作为放大镜，可以起到放大物体的像的原理。

（五）光的折射的生活物品"小魔术"

实验目的：

观察透镜对物体的作用。

实验原理：

凸透镜对光线有会聚作用，凹透镜对光线有发散作用。

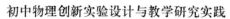

实验一：

实验材料：

两个大小不同的透明玻璃杯、水、蜡烛（或其他待观察物体）。

实验步骤：

（1）把小杯子置于大杯子内部，在大杯子中加水，使水不要溢入小杯中。

（2）在两个杯子的一侧放上要观察的物体，如蜡烛，通过杯子去观察物体。注意观察到的像所在的位置及大小、形状。

（3）改变杯子到物体的距离，观察像的变化。

（4）改变物体相对于杯子放置的角度，观察像的变化。

（5）移动小杯子在大杯子中所处的位置，比如从大杯子中间移向两边，再观察所看到的像的变化情况。

实验分析：

当小杯子在大杯子中间位置时，可以把两个加水的玻璃杯装置看作两个凹透镜，对光线主要起发散作用。当小杯子在大杯子中的位置偏移时，可以把这个装置看作两个凸透镜，对光线有会聚作用。因此，观察到的像也会随着物体、杯子位置的移动不断发生变化。

实验二：

实验材料：

透明玻璃杯、水、玩具小车。

实验步骤：

（1）在水平面上，放一个盛满水的透明玻璃杯。

（2）在视线的另一侧放一辆玩具小车，水平开过，比如从左侧开向右侧。

（3）通过玻璃杯观察小车的移动情况。

实验分析：

在这里玻璃杯相当于一个凸透镜。当小车在玻璃杯后从左向右运动时，通过玻璃杯看到的小车的运动方向与实际情况相反。被小车反射后经过玻璃杯的光线由于折射的原因光路发生了改变，观察到的小车运动情况是经过折射后看到的像。

实验三：

实验材料：

透明玻璃杯、水、硬币。

实验步骤：

(1) 在玻璃杯中放入一枚硬币，教师让学生说出硬币的数量。

(2) 在玻璃杯中加入清水，教师提问学生此时可以在玻璃杯中看到几枚硬币。

实验分析：

学生通过观察会在加入清水的玻璃杯中看到两枚硬币。这是由于光的折射，一个硬币的像是由于水中硬币反射的光线经过水、玻璃杯、空气的传播进入眼睛而形成的，另一个像是由于水中硬币反射的光经过水面与空气的折射传播进入眼睛而形成的。

(六) 光的折射生活运用

实验目的：

认识光的折射在生活中的运用。

实验原理：

光线传播时在不同介质的分界面会发生偏折。

实验材料：

大盆、水、盐、土豆(胡萝卜、橡皮泥)、木筷、针。

实验步骤：

(1) 在一个较深的大盆内装入一定浓度的浓盐水。

(2) 盆里放上用土豆、胡萝卜、橡皮泥等材料制成的"小鱼"。

(3) 在木筷上安装针，用来代替"鱼叉"。

(4) 请学生进行叉鱼比赛，通过总结比赛技巧，让学生理解光的折射现象。

实验分析：

通过一个与生活联系紧密的有趣游戏，激发学生的学习兴趣，加强光的折射现象与生活的联系。实验时要注意实验的科学性，教师要做好准备，选择较深的容器进行，方便学生清楚地区分"小鱼"的像与"小鱼"本身所处的位置不同。

（七）光的折射解释清晨所见光线

实验目的：

知道清晨所见的光是太阳光折射后的虚像。

实验原理：

光的折射呈现的是虚像。

实验材料：

糖果、遮挡物、透明瓶、水。

实验步骤：

(1) 将糖果放在遮挡物另一侧，使视线从一侧看不到糖果。

(2) 将装满水的透明瓶放在糖果与遮挡物之间。

(3) 从同一位置再次观察，此时可以通过透明瓶看到糖果。

实验分析：

糖果用来模拟太阳，遮挡物用来模拟地平线。清晨时太阳光由于地平线的遮挡，人站在地球表面原本是看不见的，但由于大气层的作用，即在糖果与遮挡物之间放上透明瓶，经过光的折射，人眼就能看到大气层折射后太阳的虚像。我们清晨所看到的太阳光实际上是折射现象产生的。

四、光的色散现象生活化实验设计

（一）自制彩虹

实验目的：

认识彩虹的形成。

实验原理：

光的色散。

实验材料：

盆、清水、镜子。

实验步骤：

(1) 在有阳光的窗户下放置一盆清水。

（2）将一面镜子的镜面对着阳光，斜插入水中。

（3）调节镜子的方位使阳光能够通过镜面与水的反射和折射作用，照在旁边的墙面上，这时候可以观察到彩虹。

实验分析：

光的色散是由于不同颜色的色光的折射率不同，当太阳光线通过折射照在水中的镜面上时，水中的平面镜再反射光线，使光线再一次经过折射照射在墙上，不同颜色的光折射角度不同，被分离开来，白光被分解为红、橙、黄、绿、蓝、靛、紫七种颜色的光，我们就会看到美丽的彩虹。

（二）用生活物品玻璃杯和手电筒演示旭日与落日原理

实验目的：

认识旭日与落日的形成。

实验原理：

不同色光的穿透能力不同，红光穿透能力最强。

实验材料：

透明玻璃杯、清水、手电筒、牛奶。

实验步骤：

（1）在透明玻璃杯中加入适量清水。

（2）拿手电筒在玻璃杯的一侧对着玻璃杯进行照射，从玻璃杯的另一侧看去，注意观察到的光的颜色。

（3）接着在玻璃杯中加入少许的牛奶，缓慢地搅拌。

（4）再次拿手电筒同样照在玻璃杯上，从同一位置观察光的颜色是否有变化。

实验分析：

通过加清水的玻璃杯看到的光是呈现白色的，就像白天晴日里挂在天空中的太阳；通过加牛奶的玻璃杯看到的光不再是白色，而是有点儿偏橘红色，像是落日的颜色。这是由于液体稠度变大，就像是日出与日落时大气层较厚，相对于其他颜色的色光来说，红色和黄色的穿透能力较大，而落日的颜色之所以又和旭日不同，是因为黄昏时的空气经过一天的时间，烟尘要比清晨时多。

五、利用生活化材料进行演示实验的优势

利用以上这些生活化材料进行的演示实验，对教学工作能够起到积极作用。

首先，实验器材易得，准备起来相对简单，不论是教师还是学生，不需要耗费大量的时间在实验器材的开发与组装上。实验过程不仅可以在课堂上进行，学生也可以在课后进行自我探究。这样不但能够帮助学生巩固实验内容，加深对知识的理解，产生更为深刻的印象，也在牢固掌握理论知识的同时，增强了学生的操作能力与创新能力。

其次，实验原理清晰，有助于学生理解；实验现象直观明了，能够加强学生对知识的掌握；实验操作简单方便，学生可以充分参与。

另外，这些利用生活化材料进行的物理实验，实验来源于生活，使课堂内容丰富有趣，能够集中学生的注意力，充分调动学生的积极性，激发学生的学习兴趣。

第三节　基于生活化材料的光现象演示实验教学实施

实验是突破教学重难点的重要教学手段和教学方法，尤其对于物理教学中一些较抽象、较难理解的物理知识，如果能用学生身边的资源通过实验的形式生动地呈现出来，就会起到化难为易的作用，达到顺利突破难点的教学效果。基于生活化材料的物理实验由于更贴近生活，学生更熟悉、更有亲切感，从实验得出的结论就更有说服力，学生也乐于接受、记忆深刻，而且容易调动学生学习物理的积极性和主动性。

一、光现象生活化演示实验的教学实施

初中物理光现象教学的第一节内容是让学生认识光现象，知道光的最简单的传播形式：在同一种均匀介质中沿直线传播。对于这一节知识的学习，不但是整个光现象学习的基础，也是树立学生对学习光现象知识点自信心的关键，因此地位十分重要。

(一)利用生活化材料设计光现象的新课引入

在传统的教学方式中，受课堂条件的限制，多数教师采用语言传授的方式进行教学，部分教师会借助图片、视频等多媒体工具辅助学生学习。例如，在本节新课的引入上，传统的教学方式要么是通过图片或视频，让学生认识了解光现象，要么是结合声现象的主要知识点，进行复习引入。

1.传统复习

引入示例：

同学们，我们之前学习了声现象的知识，认识了声音的产生，知道了声音传播的特征。从这节课开始，我们来学习物理知识中的另外一种现象——光现象。

若在教学中能够充分引入利用生活化材料制作的简单物理实验，将会给学生带来更好的体验，从而激发学生的学习兴趣。

2.基于生活化材料的演示实验

新课引入示例：

【实验引入】教师提出问题：同学们在生活中有没有听说过叉鱼，你们会叉鱼吗？在现实生活中，你们有没有尝试过这项活动？叉鱼有没有什么技巧呢？如果给你们机会，你们能完成得又快又好吗？

今天，我们就一起来做一个游戏。同学们，比一比，看谁更会叉鱼呢？

老师这里有一个大盆，盆内装有一定浓度的浓盐水，盆里有许多的"小鱼"(可以用胡萝卜、土豆、橡皮泥等某样物体，切成小块代替)，这里有"鱼叉"(可以用木筷安装上针代替)。我们先请两位同学上来比一比，看谁能在1分钟内叉上来更多的"小鱼"。

比赛结束后，请"参赛选手"谈一谈感受，分享更快叉到"鱼"的技巧。

再请学生进行尝试，注意运用技巧。

教师注意引导：我们生活中还有很多类似的现象，从河岸上看水下的东西时，会发现看到的物体其实比实际的物体所在的位置浅，这是什么原因呢？

接下来就让老师带领大家走进光现象，揭秘光的传播规律。

（二）利用基于生活化材料的演示实验探究光的直线传播

光在同一种均匀介质中沿直线传播这一知识点，学生学习起来并不难，但主要是靠机械记忆和生活经验，若能通过实验让学生清楚地观察到现象，则有利于学生对内容的进一步理解，为后面的学习打下扎实的基础。

1. 传统教学

片段示例：

根据我们生活中的经验，结合我们学习过的知识，请同学们思考并讨论一下，从光源发出的光是沿着怎样的路径传播出去的呢？

学生交流猜想，教师引导学生得到：光可能是沿直线传播的。

教师结合学生的猜想，进一步解释：经过科学家的研究，他们总结出，光在同一种均匀的介质中的确是沿直线传播的，我们把光的这种特性叫作光的直线传播。

这里大家要注意两点：（1）同一种介质；（2）均匀介质。

例如，空气作为一种均匀介质，光在空气中也是沿直线传播的，但是要注意光在两种不同的物质中传播方向是会发生改变的，这一点我们以后就会学到。

接下来请大家进行思考练习：

（1）开凿大山时，为什么可以用激光引导掘进的方向？

（2）利用学过的知识，想想在生活中如果处于烈日下，应该怎样防晒？

2. 基于生活化材料的物理演示实验教学

片段示例：

教师：根据我们生活中的经验，结合我们学习过的知识，请同学们思考并讨论一下，从光源发出的光是沿着怎样的路径传播出去的呢？

学生：交流猜想，得到光可能是沿直线传播的。

教师活动：很多同学的猜想都是光是沿直线传播的，有没有同学认为光不一定都是沿直线传播的，光的传播可能会发生改变的？

【实验探究】到底哪一种猜想才是正确的呢？科学不可以仅仅靠猜想得出，而是需要用实验的方法去检验。接下来，同学们和老师一起，利用老师准备好的这些简单的实验材料去大胆设计实验，来验证刚才的猜想是否正确。下面，请同学们分组思考讨论，我们该如何去设计实验呢？

学生分小组进行思考讨论，教师在旁边进行指导。教师请学生介绍他们设计的实验方法，并选取合适的实验方法进行演示，然后教师进行补充。

演示实验，操作如下：

（1）让激光笔发出的光沿白纸照射，请学生观察光的轨迹。

（2）在激光笔发出的光线上用喷雾器射出喷雾，让学生观察看到的一条光束，观察光的轨迹。

（3）在激光笔照射的方向点燃蚊香，在蚊香烟的作用下，可以观察到激光的轨迹。

（4）在激光照射的方向上放一个盛水的烧杯，观察光线在水中的传播轨迹。

教师引导学生分析思考：在刚才我们演示的这些实验现象中，大家观察到了什么现象？这说明在这些物质中光线是怎样传播的？

学生讨论得出结果，教师进行总结：在这些物质中光的传播轨迹是沿直线传播的，比如在空气中我们可以观察到光线就是沿直线传播的，生活中有许多现象可以证明光在空气中沿直线传播，比如透过密林的太阳光的传播路径也是直的。

同学们一起来回顾一下，刚才我们在解决光的传播这一问题时，是以怎样的过程进行探究的？

提出问题—猜想与假设—设计实验与制订计划—进行实验与收集证据—分析论证—评估

很好，在刚才的探究过程中，老师发现同学们讨论积极、思维活跃，并且通过我们一起设计的实验，验证了我们的一些猜想。那么，还有同学认为光不一定总是沿直线传播的吗？该怎么去设计实验，进行验证？

教师引导学生进行以下实验：

（1）用激光笔照射平面镜，发现光不再沿着一条直线照射，而是传播方向发生了改变。

（2）激光笔斜射向盛水的酒瓶，发现光线也会发生偏折，说明光的传播方向发生了变化，即光的传播方向是可以改变的，并不一定总是沿直线传播。

原来光的传播方向还可以发生改变的，可见有些同学的猜想也有一定的道理，那么对比并结合之前的实验现象，此时你们最想解决什么问题？光为什么有时沿直线传播，有时传播方向又发生改变呢？光到底是怎样传播的？在什么条件下，光沿直线传播？在什么情况下，光的传播方向会发生改变？请同学们分组讨论。

在教师的指导下，结合实验现象，学生进行思考讨论：实验中，光从空气进入另一种介质时，方向变了。也就是说，光在两种不同的介质中传播方向会发生改变。

通过实验，学生验证了自己的假设。通过学生的讨论与教师的启发，引导学生总结光的传播特点：光在同一种均匀介质中沿直线传播。

光从一种介质照射到另一种介质时，传播方向会发生改变。这种说法是不够严谨的，我们将在后面的学习中进一步具体了解。

思考练习：

(1) 开凿大山时，为什么可以用激光引导掘进的方向？

(2) 利用学过的知识，想想在生活中如果处于烈日下应该怎样防晒？

(3) 下面我们来进行一项比赛，请同学们想办法把桌子对齐，看看谁做得又快又好。同学们想一想有什么办法可以快速将桌子对齐，这里含有什么物理知识呢？

(三) 利用生活化材料设计光的折射的新课引入

通过简单的小实验可以在教学开始时起到活跃课堂气氛、激发学生好奇心与学习兴趣的良好效果。

1. 传统复习

引入示例：

我们已经了解了一些光现象的规律，知道了光在同一种均匀介质中沿直线传播，光从一种介质射向另一种介质表面时，一部分光被反射回原来的介质的现象叫作光的反射。

那么，同学们一起来回顾一下，光的反射遵循哪些定律？

光的反射定律：(1) 反射光线、入射光线与法线在同一平面内；(2) 反射光线和入射光线分居在法线的两侧；(3) 反射角等于入射角。

我们可以把光的反射定律归纳为：三线共面，两线分居，两角相等。另外，我们还知道光路具有可逆性。那么，光从一种介质射向另一种介质表面时，一部分光被反射回原来的介质叫作光的反射，另外一部分进入另一种介质的光会怎样传播呢？这节课我们就来学习光的折射。

2.基于生活化材料的演示实验

新课引入示例1：

【实验引入】在玻璃杯中放入一枚硬币，让学生说出硬币数量，然后在玻璃杯中加入清水，提问学生此时可以在玻璃杯中看到几枚硬币。

学生通过观察会看到在玻璃杯中有两枚硬币。

为什么老师明明放了一枚硬币在玻璃杯中，同学们却看到了两枚硬币呢？杯中是不是真的出现了两枚硬币？

教师启发学生思考，杯中没有水时只看到一枚硬币，为什么在杯中加了水之后就可以看到两枚硬币？这时候光是怎样传播的？

教师向学生解释此现象是由于光在传播过程中发生了折射，会引起我们眼睛的错觉。日常生活中也有很多发生光的折射的例子，比如我们看到放在水中的筷子或铅笔会发生弯折。接下来让我们一起认识光的折射。

新课引入示例2：

利用生活化材料展示生活中的折射现象——海市蜃楼。

【实验引入】在矩形玻璃水槽中加入深度约15cm的浓盐水，用玻璃棒等器材导流，向溶液中缓慢注入深度约4cm的清水。在玻璃水槽学生的另一侧，大约12cm处放置一个房屋模型（或其他任一物体代替），注意物体要有光能够照亮，方便学生观察。此时，学生可以看到海市蜃楼的现象出现。此实验能够很好地激发学生对光的折射的学习兴趣。

二、光现象生活化演示实验的教学反馈

通过实施生活化材料的光现象演示实验教学，从学生的课堂表现及学习发展情况来看总体表现都很好。运用生活化材料的物理演示实验进行教学，更是让学生深刻体会物理与生活的紧密联系，感受物理学知识的实用性；提高了学生的动手实践能力与创新能力，并且能够激发学生对于物理学科的学习兴趣，提高他们对未掌握的知识的探求欲望。

生活化材料的物理演示实验的主要优势可以概括为以下几点：

（一）学生的课堂表现

1. 从学生的参与度来看

传统的教学方式往往不能兼顾全体学生。由于学生的个别差异性大，对知识的掌握程度不同，经常会出现部分学生在听课，部分自制力较差的学生思想游走，不能专注在课堂学习上，教学效果自然大打折扣。相比较来看，在进行的几次生活化材料演示实验教学的课堂上，学生的参与程度大大提高，绝大多数学生能够把注意力集中在教学内容上，课堂上的走神现象明显降低，课堂学习过程中更加积极主动。

2. 从学生的学习方式转变来看

学生在传统课堂上的学习往往是被动接受，不会主动思考，学习知识时采用机械记忆的方式。这些不好的学习习惯会阻碍知识的吸收和学习能力的发展。在生活化材料的演示实验课堂上，学生的学习方式逐渐得到改善，课堂上学生不但能够积极主动参与，养成了主动思考的好习惯，并且还能够把知识应用到实际问题中，能够发散思维，通过动手动脑的方式加深对知识的理解。

（二）学生的学习态度与学习方法

1. 通过简单的生活化材料物理演示实验，激发学生的好奇心与求知欲，这些与生活紧密相关的实验，可以加深物理与学生生活的联系，使学生更有亲切感，并且发现物理实验也可以很简单，物理原理也都可以被理解，这将逐渐提高学生对物理知识的接受与理解能力，能够明白物理学科的学习意义，开始正视对这门学科的学习。

2. 学生一旦改变物理学科繁重、困难的学习内容的观念，将体会到物理学科学习的乐趣，对物理现象产生兴趣，这给他们的学习提供了更大的动力。兴趣是最好的老师。物理学科的学习兴趣可以促进学生积极主动地探索，自主寻找答案，丰富自己的知识量，提高物理的学习成绩，加强对科学知识的理解与热爱。

3. 在实验教学中，教师运用生活化的材料进行物理实验教学，在课上利用有限的时间教会学生实验原理与操作方法，使学生能够在课下充分利用身边的器材，反复、随时地进行物理实验，在体会实验乐趣的同时，在实验器材的准备与实验操作过程中，能够很好地锻炼学生的实际动手操作能力，使每一位学生的实践能力得到锻炼，在实践过程中可能遇到的各种问题还将激发他们的创新精神，提高他们的创新能力。

（三）教师的专业发展

1. 对于教师自身来说，探究生活化材料的演示实验的过程，能够使其养成主动尝试、主动突破的良好教学习惯。在教学观念上有所提升，通过探索更有效的教学方式，不断推动教育教学能力的进步，丰富教学策略。

2. 在学科的专业知识上，通过生活化材料的物理实验在设计与实施过程中不断得到丰富。教师在设计与实施过程中，巩固加深了学科教学知识，提升了专业教学能力，能够促进自身的专业发展，提高物理教学水平。

第六章　初中物理实验教学中学生初步实验设计能力培养

第一节　学生初步物理实验设计能力培养的理论基础

一、基本概念界定

（一）物理实验能力

物理实验能力是指运用物理实验理解、验证理论观点以及借助物理实验获得新认知的能力。它主要包括：发现和明确实验目的的能力，理解实验原理、选用实验方法、设计实验方案的能力，正确选择和使用仪器进行观察和测量的能力，控制实验条件和排除实验故障的能力，分析处理实验数据的能力，发现物理实验规律的能力，分析、表述实验及其结果，最终解决问题的能力。

（二）初步物理实验设计能力

结合物理课程标准对科学探究过程中"制订计划与设计实验"这一要素的学习要求，本书将初中生的初步实验设计能力定义为：在科学探究过程中，学生能根据一定的实验目的和要求，选择合适的探究方法及所需要的相关器材，综合、灵活运用已具备的物理知识和实验技能，提供一个可行性方案的能力。

这不仅需要物理基础知识和实验基本技能，还必须具有创新意识，所以实验设计能力是初中物理实验能力中最高层次的能力。

二、实验设计所应遵循的原则

实验设计具有很强的综合性和创造性，它需要学生综合运用自己所学知识和已有经验，创造性地构思、设计解决问题的途径和方法；同时，探究性实验还具有很强的灵活性与开放性，对于要解决的问题，根据不同的实验条件，可以设计不同的方案；即使是相同的条件，也可以进行不同的设计。通过探究实验方案的设计，能够提高学生的问题解决能力和创造能力。

要想设计一个好的、可行的方案，必须遵守实验设计的一些基本原则。

（一）科学性原则

所谓科学性原则，是指设计的实验应具有明确的目的性：为了解决什么问题，说明什么原理，达到怎样的教学效果，等等。实验原理必须是正确的、科学的。实验中所依据的物理原理必须是真实的、无错误的。根据实验目的和实验原理选择恰当的实验器材。实验方法的选择要科学而严谨。整个设计思路都不能偏离物理的基本知识和基本原理，以及其他学科领域的基本原则。

（二）简便可行性原则

在科学探究中，常常是对于同一问题，可能存在多种研究方法，并且每一种研究方法都有可能使研究达到预期的效果。但一个最佳的实验设计，既节省人力、物力和时间，又能获得正确而理想的预期结果。在设计实验时，从实验原理、实验的实施到实验结果的产生，既要切合实际，具有可行性，又要在实验器材、实验方案、实验方法的设计上尽可能考虑使用易获得的实验材料、简单的实验装置，寻找学生容易理解并能简便操作的实验方案。

（三）控制变量原则

变量，也称为因素或因子，指实验者所操纵、控制的，在性质上和数量上可以变化的特定因素或条件。按性质的不同，通常有以下两类共四种变量[①]：

（1）实验变量与反应变量。实验变量，亦称自变量，指实验中由实验者所操纵、给定的因素或条件。反应变量，亦称因变量或应变量，指实验中由

---

① 王磊，胡久华. 中学化学实验问题解决心理机制的初步研究 [J]. 化学教育，2000（05）：11-13，36.

于实验变量变化而引起的变化和结果。通常实验变量是原因，反应变量是结果，两者具有因果关系。实验的目的就在于解释这种前因后果。

2.无关变量与额外变量。无关变量，亦称控制变量，指实验中除实验变量以外的影响实验变化和实验结果的因素或条件。额外变量，亦称干扰变量，指实验中由于无关变量所引起的变化和结果。

实验时由于无关变量、额外变量都会对实验结果造成干扰，设计实验时应注意考虑不改变无关变量，只改变其中一个实验变量，观察对实验结果的影响。这样既有利于科学地分析实验结果，又能保证实验结果的真实性和可靠性。

（四）重复性原则

重复性原则，即控制某种变量的变化幅度，在同样的条件下重复实验，观察其对实验结果影响的程度。

科学讲究重复性原则，某一具体实验的结论不一定能概括出同类事物的本质。扩大实验的样本是一种重复，将该实验结果推广到同类事物中去再次实验也是一种重复。重复性是判别真伪科学的操作方式，任何实验都必须要有足够的实验次数，才能判断实验结果的可靠性。重复性原则能够在很大程度上抵消非处理因素所导致的误差。

三、实验设计的基本思路

1.明确实验目的。明确实验目的就是要弄清"做什么"的问题，即探究或者验证什么物理现象或原理。明确实验目的才能明确运用哪一原理进行实验设计，才能明白实验设计中哪一因素是实验变量。

2.阐明实验原理。根据实验目的，确定待测物理量与其他物理量的关系，建立一定的思想基础和理论基础，如推导出公式。实验原理决定着实验中主要实验步骤的设计及相应实验器材的选择。

3.选取实验器材。在实验设计中，正确选择器材是十分重要的，紧扣实验目的，根据实验原理，考虑实验物理量分别需要用什么仪器来测定，从而准确判断和选取实验所需的器材。

4.设计实验方案。实验方案的设计是根据实验目的、实验原理，设计出具体的实验方法和实验步骤。由于实验设计是一个开放性的过程，可能存在多种实验操作程序，应依据实验设计的原则拟定一个合理而有序的实验步骤。

四、实验设计的方法

（一）转换法

在实验中，有很多物理量，由于其自身属性的缘故，难以用仪器、仪表直接测量，或某些现象直接显示有困难，为此常借助于力、热、电、光、机械等方法之间的相互转换，用等效的思想，把不易测量的物理量转换成可以（或易于）测量的物理量进行测量，这种方法就叫转换法。

例如，音叉的振动不易直接观察，但是借助水面溅起的水花或将音叉的振动传给细线悬挂的泡沫塑料球，可以清楚地表示音叉的振动情况；在研究牛顿第一定律时，将物体运动状态的变化快慢转换成相同初速度下运动距离的长短；在研究磁场的强弱时，将它转换成吸引大头针数量的多少，或吸引铁块时对弹簧测力计的拉力大小。

（二）累积法

把某些难以用常规仪器直接准确测量的物理量用累积的方法，将小量变大量，不仅便于测量，还提高了测量的准确度、减小误差，这种方法称为累积法。例如，在测量一张纸的厚度时，可以先测量100张纸的厚度，再将结果除以100，这样使测量的结果更接近真实值。另外，要测量出一张邮票的质量，测量出心跳一下的时间，测量出导线的直径，均可用累积法来完成。

（三）比较法

比较法就是在一定的实验条件下找出研究对象之间的同一性和差异性。比较是认识事物的基础，因而广泛应用于物理实验中，在物理学中由于研究对象的广泛性和多样性，比较的形式也是灵活多样的，可以是比较某物理现象在实验时间内前后的变化情况，可以是对几类物理现象变化过程的比较，也可以是比较同一对象在不同条件下的变化情况等。

例如，在研究凸透镜成像规律的实验中，就是比较物体在 $u > 2f$、$f < u < 2f$ 和 $u < f$ 三种不同情况下通过透镜所成像的不同，从而总结出凸透镜成像的规律和特点；通过比较，可知酒精和水混合后总体积减小，从而可推知物体内分子之间有空隙。

第二节　新课程标准对学生实验设计能力的要求分析

新课程改革强调学生通过亲身经历和体验科学探究过程，激发物理学习的兴趣，获得物理知识与物理技能，学习物理探究的方法，理解物理的本质，形成科学精神和科学价值观，从而全面提高学生的科学素养。

"制订计划与设计实验"是学生在进行科学探究活动时必须经历的一个过程，是科学探究的重要环节，也是学生学习的难点所在。它旨在让学生动手之前先动脑，使探究活动的方法更明确、思路更清晰、过程更科学。《义务教育物理课程标准》对初中物理实验设计能力的基本要求做出了明确的规定：

一、知道实验目的和已有条件，制订实验方案

要制订实验方案，必须明确实验目的，即明确这个实验要求测定什么物理量，要探究什么事实或规律，要解决什么问题。探究的目的来自探究的问题，探究计划的具体任务或实验方案的具体要求来自根据探究问题所提出的猜想或假设。制订实验方案实际上就是从操作的角度把探究的猜想或假设具体化、程序化。

要把实验目的演变为一个实验方案，中间有一个桥梁，这就是实验原理。实验目的明确后，要应用所学知识，广泛联系，看看待测物理量或物理规律在哪些内容中出现过，与哪些物理现象有关，与哪些物理量有直接的联系，从而建立一定的思想基础和理论基础。同样的实验目的，应用不同的原理，将会制订成不同的实验方案。

根据实验猜想与假设来确定实验目的，根据实验的目的来思考实验的

原理，按照实验的原理，来设计实验的程序和实验的步骤，这是构思实验方案的基本线索。当然，在制订实验方案的实施技巧上，我们还可以根据实验目的来分析该探究要解决哪几个问题，每个问题有哪几种解决方法，然后根据现有的条件和探究的要求，提出解决每个问题的各种方法，经比较、选择、优化后，形成最终的实验方案。

二、尝试选择科学探究的方法及所需要的器材

总的来说，科学探究可以使用观察、实验、资料查询、调查访问等方法。观察是获取自然存在的有关信息的方法，实验是通过人为的办法制造某一情境和条件并从中获取信息的方法，资料查询和调查访问是收集别人在有关问题上曾经获得的信息的方法。实验方法的选择，是由各种因素综合考虑决定的，使用不同的方法都是为了获得科学探究所必需的证据。

《义务教育物理课程标准》中科学探究的问题，比较多的是用观察和实验的方法。其中尤以实验探究方法居多，因此存在着一个如何选择实验器材的问题。

选择实验器材所涉及的面很广，如实验原理、实验的误差要求、实验器材的功能、实验器材的安全、实验操作的方便以及实验器材的代用品等，这些方面都会对实验器材的选择产生影响。对初中生来说，不能一开始就要求过高，可以让学生从实验原理、实验步骤方面来选择实验器材的种类，然后再从实验器材的安全性、减小误差、方便操作等方面来考虑实验器材的规格等问题，同时从实验器材的功能、周围环境与就地取材来考虑实验器材更广泛的来源（包括应用日常生活器具等），形成从各个因素选择实验器材的意识，逐步提高学生选择实验器材的能力。

三、尝试考虑影响问题的主要因素，有控制变量的初步意识

要让学生尝试考虑影响问题的主要因素，应使学生认识到，具体的科学问题常常都是由多个因素共同造成的，在一定条件下有时是某个因素在对问题起主要作用。究竟是哪一个因素在起主要作用，这是和研究问题的条件有关的。学生在获得这种认识之后，可以让他们尝试对探究问题的因素进行分析，判断在给定条件下，影响问题的主要因素是什么。之所以要使学生认

识在一定条件下某个因素对问题起主要作用，就是为了帮助学生建立控制变量的初步意识，体会到除主要因素以外的其他因素对问题的影响有时小到可以忽略的程度。

实验设计能使学生明确收集信息的途径和方式、确定收集信息的范围和要求、了解探究所需的器材和设备以及建立分析数据的思路和方法。实验方案使探究步骤更加有序、探究过程更加科学。如果没有实验方案，科学探究的操作也就失去了依据。实验方案不当将直接影响探究结果的可靠性和科学性。

第三节　学生初步实验设计能力培养的教学模式和策略

一、初步实验设计能力的培养原则

在物理教学中，怎样才能使学生初步实验设计能力的培养收到良好的教学效果？笔者在对相关课题进行理论研究的基础上，结合自己多年的教学实践，提出在教学实施的过程中培养学生的初步实验设计能力应遵循以下几条原则：

（一）主体性原则

主体性原则是教育中的根本原则，它强调在充分发挥教师的主导作用的前提下，引导学生主动探索周围的社会环境和自然环境，以学生的活动为中心，放手让学生自己去尝试，把学习活动的主动权交给学生，教师在其中只起引导、点拨和评价的作用。培养学生初步的实验设计能力，首先要转变传统的"教师讲、学生听、学生被动接受"的学习方式，应以学生为本，充分发挥学生学习的主动性和积极性，使学生由被动学习向主动学习转变。其次，要尊重学生主体思想的自由和无限潜在的创造力，培养学生独立思考的能力和习惯。

在教学实践中，要充分调动教与学的关系，教师启发、引导学生学会科学地分析、解答方法，学生积极地进行独立思考，真正理解和灵活运用所学的知识解决问题。重诱导、重探索、重讨论，提倡质疑解疑精神，着重发展学生的思维能力。

（二）循序渐进原则

循序渐进原则是指教学工作既要遵循学科知识的逻辑序列，又要遵循学生心理发展的序列，以使学生有次序地、系统地、逐步地掌握学科的基础知识和基本技能，发展能力，促进身心和谐、健康发展。[1]

教师对实验设计题的指导可以加速培养学生的初步实验设计能力学生实验设计能力的提高不是一朝一夕之功所能达到的，它只能在长期的训练和培养中得到提高。在教学中，教师把培养学生的实验设计能力放到每节课中去，结合具体的教学内容，以各种各样的教学活动作为载体，潜移默化、循序渐进地进行方法指导，让学生边学边用，使他们在运用的过程中进一步体验实验设计的方法和技巧。根据学生学习的阶段性，逐步提高学生的能力要求。对于难度较大的问题，要精心设计，分解成一系列由浅入深、以旧导新、从易到难的小问题，使学生通过问题解答，逐步突破难点、把握要领、掌握规律。

（三）因材施教原则

因材施教原则，是指教师从学生的实际出发，使教学的深度、广度、进度既适合大多数学生的知识水平和接受能力，同时考虑学生的个性特点和个性差异，使每个人的才能品行获得最佳的发展。[2]

每一个学生都是不同的个体，其知识水平、理解能力、"最近发展区"不在同一层面上，特别是在初步实验设计能力的培养过程中，学生之间的层次差异更加明显，不能强求学生都达到相同的发展水平。教师要注意区分学生在知识、能力方面的个体差异，重视学生的学习过程，从学生的实际出发，针对学生的特点进行有区别的教学。

例如，对反应慢的学生，教师在激励他们积极思考、勇于回答问题和进行争辩；对能力较强而态度马虎的学生，给他们一点难度较大的作业，并严格要求他们做到精益求精；对语言表述没有条理的学生，多让他们在课堂上

[1] 张慧.试论循序渐进原则的运作 [J].科教文汇（中旬刊），2009(07)：19.
[2] 黄燕，平晓美."因材施教"在高职高专英语教学中的实施 [J].学周刊（A 版），2011(06)：6.

做复述和发言，以克服其不足。在教学过程中，教师既要强调统一要求，又要正确对待个别差异，使每个学生都能扬长避短，获得最佳的发展。

（四）激励性原则

学生的学习与发展依赖于内在的需要与动力。激励性原则就是指教师利用多种方法激发学生的求知欲，使学生主动、高效地进行学习，并逐步形成热爱和探索本门学科知识的强大不息的动力。这是挖掘学生潜能、提高教学质量、加速人才培养的关键。

初中生的好奇心强，具有强烈的求知欲望，头脑中常常充满各种想法。在教学中，即使学生提出或回答的问题很离谱，甚至有错误，教师也不应嘲笑、讽刺和压制他们，而应恰当合理地鼓励、支持他们的求新求异、质疑问难，与他们一起寻求获得成功的方法，尽可能地找出他们的长项、闪光点，使他们体验到愉快、尝试到成功、享受到尊重、品尝到甜蜜，不断树立自信心和勇气，从探索未知的学习过程中看到进步和希望，成为激发学生自我学习和自我发展的动力源。

（五）反馈内化原则

反馈内化原则是指教师恰当选择多种方法手段，使学生及时具体地了解自己在学习和活动中的表现和结果，在后继的过程中，通过积极参与和主动选择，不断将教师提出的要求转化为其内在的自觉行为，在参与、体验、感悟中实现主动可持续的发展。

教师要引导学生找出和发现知识之间的内在联系，提倡学生运用既有的经验、知识和智慧去关注和解决身边和社会中的具体现实问题，使学生的经历、感悟成为重要的学习资源，让学习过程成为学生个体有意义的建构活动。

学生初步实验设计能力的培养能否顺利圆满地完成，及时而具体的反馈是很重要的一环。教师要关注学生在参与学习过程中的学习方式、思维特征、学习品质、情感、意志的变化和提高，及时、准确地给予评价，指导学生逐步学会解题的方法、策略，同时要求学生进行同伴间的相互反馈和自我反馈。只有当教师的反馈与学生间的反馈和个人反馈结合并逐步趋向一致时，才能在传授知识的同时兼顾对学生能力的培养，提高课堂的效率。

二、培养学生初步物理实验设计能力的教学模式

初中物理实验教学模式是指在进行物理课程教学过程中，教师在一定教学思想或理论指导下，为设计和组织初中物理教学而在实践中建立起来的与物理教学任务相适应的教学程序及其实施方法的体系。

为了能使实验设计教学达到预期的目的、收到预想的成效，本课题依据教学大纲和教材实验内容，根据初中物理的教学特点以及初中生的心理特征，并结合教学实际，制订了一套科学的教学模式。

本教学模式贯穿于实验教学的始终，它在明确的实验目标的前提下，让学生能自己筹划、构思设计实验，确定实验方案，考虑实验仪器，安排实验步骤，进行解决问题的科学探索，从中获得相关知识和技能，提高创造力。

(一) 物理课堂培养学生实验设计能力的教学模式

笔者经过了长期的理论研究和调查研究，借鉴了前人已有的教学模式，结合了从教多年的教学经验，提出在初中物理课堂教学中培养学生初步实验设计能力的一种模式，如图 6-1 所示。

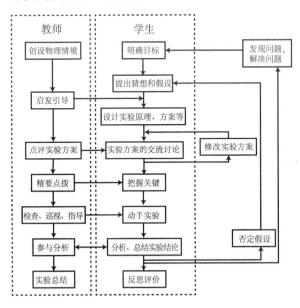

图 6-1 培养学生初步物理实验设计能力的教学模式

（二）教学模式说明

1. 问题

围绕教学内容和教学目的、教学要求，教师为学生创设恰当的物理情境，激发学生强烈的好奇心，鼓励学生大胆质疑，从而引导学生发现并提出问题，明确实验目的。学生在已有的知识、经验的基础上，针对实验目的提出某种假设。

2. 探索

在教师的启发引导下，学生明确实验设计所依据的原理，并根据实验目的、原理和提出的假设，设计出具体的实验方案和实验步骤。实验设计完毕，教师组织讨论和交流，让学生说明各自的设计思路、采用的实验方法、主要的实验步骤等，教师适时地进行点评补充，让学生能着重把握实验关键之处。通过交流合作，学生间能相互启发和借鉴，对学生修改和完善实验设计有积极的促进作用。

设计实验方案后，学生根据方案动手实验，研究、探索自己所设计的方案，观察和记录实验现象，收集有关实验数据，并根据实验结果进行分析、推理，得出结论。若实验结果与假设一致，则假设成立，通过重复实验的验证，得出肯定的结论。若实验结果与假设不一致，必须分析原因，重新提出猜想与假设、修改实验方案，继续进行实验。

3. 报告

实验完毕，学生报告各自的实验现象和探索结论，大胆分析实验误差，有错误的，其他学生大胆给予否定，提出自己的见解。学生在学习交流中找出所设计实验的成功之处和需要完善的地方，并加深对相关内容的理解和掌握。

4. 诊断

问题解决后，一方面，教师引导学生对探索过程与结果进行自我评价、自我总结；另一方面，教师引导学生从中发现新问题，并将新问题引向课外或后继课程。

上述四个环节是一个环环紧扣、有机联系的整体，是初中物理科学探究中培养学生实验设计能力的一套基本教学模式，每一个环节都有其不同的功能。该模式在教学中应根据教学内容的不同、学生情况的差异，以及教学条件的变化而灵活地加以运用。

三、培养学生初步物理实验设计能力的教学策略

实验设计是物理实验的最高层次，是学生探索新知识、解决新问题的重要途径。

为此，教师在物理实验教学中要尽可能多地为学生创造进行物理实验设计的机会，使学生在物理实验设计的过程中体会实验设计的重要性，认识实验设计应遵循的基本原则，初步掌握物理实验设计的基本方法。

教学策略是为了达到教学目的、完成教学任务，而在对教学活动清晰认识的基础上对教学活动进行调节和控制的一系列执行过程。针对调查问卷和测试卷所反映出来的问题，笔者提出了以下培养学生初步实验设计能力的教学策略。

(一) 加强开展探究性实验教学

随着教育改革的不断深入，新课程标准明确以全面提高学生科学素养作为义务教育阶段物理课程的基本理念，大力倡导科学探究。探究性实验要求学生熟悉教材内容，运用实验设计的方法和原理设计出合理的实验方案，并观察实验现象、得出实验结果。通过这种实验教学，学生真正参与探索过程，在过程中获得具体经验和方法训练。

1. 充分利用教材中已有的探究性实验

与传统物理实验教学不同，在探究性实验教学中，学生不再是一味地听教师讲、看教师做，而是在教师的指导下，运用已有的知识技能，灵活创造性地对所提出的问题进行实验方案的设计，动手操作实验，对实验现象或实验数据加以分析并得出结论。学生真正参与探究过程，从过程中获得具体经验，活化知识结构，养成良好的思维习惯。只要教师安排合理、引导恰当，必将有利于提高学生的初步实验设计能力。

例如，在"测量小灯泡功率"的实验教学中，学生在明确了实验目的是测量小灯泡的额定功率和实际功率后，根据物理公式 $P = UI$，从而确定待测物理量是灯泡两端电压 U 和通过灯泡的电流 I，进一步设计出了实验方案和

电路图。学生又经过集体交流讨论，发现了许多问题，如为了保护两表的安全应串联一个滑动变阻器、仪器的量程选择问题等。学生通过交流与评估，倾听别人的设计方案和别人对自己的实验设计方案的评价意见，通过反思和自评，发现自己与他人的长处以及存在的问题，进一步完善和改进原设计方案。

2. 将某些验证性实验变为探究性实验

验证性实验是指对所研究的物理知识有了一定的了解，并且形成了一定的认识或提出了某种假说，为验证这种认识或假说是否正确而进行的一种实验。初中物理教学实验多为验证性实验，如阿基米德原理、二力平衡的条件、欧姆定律等。但是，验证性实验不利于学生在学习物理的过程中科学方法和科学态度的养成，也限制了学生初步实验设计能力的培养。在物理实验教学中，教师可将适合研究探索的验证性实验上升为探究性实验，使学生由被动接受者变为主动探究者，让学生在探究过程中不断发现问题、提出假设、调整实验设计方案，为学生提供广阔的实践活动空间和思维分析空间。同时，在实施探究过程中，教师要尽量再现实验的设计过程，鼓励学生大胆地去构思，逐渐提高自身的知识水平和能力水平，进一步提升学生的实验设计能力。

例如，在"密度"一节的教学中，笔者将这个验证性实验变为探究性实验。笔者首先创设情境引导学生认识到不同的物质，其质量和体积都有可能不同。接下来，笔者让学生分组，按小组分别测量若干杯体积不同的水的质量与体积，体积不同的铁块、铜块、铝块的质量与体积，要求学生先设计实验方案、实验记录表，然后选择器材进行实验，收集数据，分析数据并得出结论。通过学生之间的交流与合作，讨论并归纳得出：同种物质的不同物体，其质量与体积的比值为一定值；不同物质的物体，其质量与体积的比值一般是不同的。进而顺势提出"密度"的概念。

3. 教师可将某些疑难问题设计成探究性实验

学生在学习知识的过程中，往往容易根据自己已有的知识和经验对某些问题进行分析、判断，从而达到解决某一问题的目的。在物理学习中，有些问题不能凭经验判断，必须通过实践才能得出正确的结论。在解答某些疑难问题的时候，教师如果让学生亲自设计方案、动手实验，根据实验现象分析、归纳，最终获得结论，不仅让学生掌握了科学的思维方法，还培养了学生科学探究的能力。

例如，完成对凸透镜成像规律的探究后，学生还想知道，当烛焰通过凸透镜在光屏上成一实像时，用一块遮光板拦住凸透镜的上半部，光屏上能不能成一完整的像？此时，教师可以引导学生设计实验方案、进行实验探究。实验表明，像的大小、位置都没变，只是变暗了一些，因为遮光板挡住了一些光线透过。通过实验验证，使学习内容中的疑难问题都得以印证澄清，既可加深学生对知识的掌握程度，又可提高学生对问题分析探究的兴趣。

4.将生产、生活中的素材引入探究性实验教学中

物理知识起源于对日常生活的观察，并在观察的基础上通过探究实验归纳总结而成。学生需要把学习的知识自觉地与实际生活联系起来，提高感性认识，促进自主设计实验能力的提高。因此，教师要引导学生善于到周围的物理世界去观察、思考，调动学生已有的生活经验，运用学过的物理实验设计知识和方法，设计出实验方案，并通过实际操作验证实验方案正确与否。这样，不仅能够激发学生探索物理奥妙的兴趣，还能够使学生在不断的实践中体验到设计成功的快乐，增强物理实验设计的自信心。

例如，家庭照明用电，为什么同一盏灯在晚上有时较暗？有的学生观察到这一现象并提出疑问，想到实验室找答案。他设计了这样一个小实验：连接一个基本的并联电路，在干路上接一个小电阻，再并联几个相同的小灯泡。依次开启灯泡，分别让一个灯亮、两个灯亮、三个灯亮……观察灯泡的亮度情况，发现并联的灯越多，灯越暗。通过对这一现象的定性分析，学生把家庭用电的"电灯较暗的时间—各家各户的用电高峰期—电路中总电阻的变化—总电流的变化—各部分电压的重新分配—每一盏灯的电压变化"等联系起来了，从而对这一现象有了本质的认识。又如，在建筑物或电梯里，手机有时会接收不到信号或信号较弱。有的学生是这样设计实验得到启示的：将手机先后放在密闭的塑料容器、纸容器以及金属容器中，再打电话呼叫容器中的手机，发现放在金属容器中的手机不能接收到呼叫信号，从而了解了金属容器对手机信号（电磁波）有屏蔽作用。

5.引导学生改进实验并进行探究

在物理教学中，教师经常会以各种演示实验来吸引学生的注意力。演

示实验有着自身独特的要求，必须做到时间短、效果好、科学性和直观性强。但有些演示实验，如果照搬教材，效果并不好。此时，教师要有意识地引导学生发现实验中存在的不足，激发学生的认知冲突，启发学生对有关实验进行改进，促使学生主动地参与到实验设计的过程中来。

例如，估测大气压数值的实验。教材上的实验是用注射器、弹簧测力计、刻度尺来完成的，但是在实际操作过程中，无法用弹簧测力计直接测出大气对活塞的压力。通过分析，学生找出了原因：大气压力超出了弹簧测力计的量程、注射器容积太大。因此，他们提出了改进方案，可以将注射器竖直放置，在活塞下面挂重物来代替弹簧测力计进行测量。如此步步启发、层层深入，既完成了实验的改进，又使学生受到了实验设计的训练，增强了学生参与实验设计的意识和信心。

总之，培养学生的实验设计能力是初中物理实验教学中的一个重要方面，也是提高教学质量、培养创造型人才的极好途径。只要教师能认真研究初中物理实验教学，并根据学生的实际情况，由浅入深，循序渐进，一定能逐步提高学生的实验设计能力。

（二）规范实验设计的基本思路

正确的思路是实验设计取得预期成效的基本保证。无论是哪种类型的实验设计，其实质都是根据实验题目所提出的问题，运用已具备的物理知识或实验技能，有时甚至是根据实验题目所给的信息或提示，构思出解决问题的方案。

教师在平时的教学中，首先要充分挖掘教材中的资源，引导学生认真分析教材中的实验设计方法，让学生在体验科学家科学探究的过程中进一步体会实验设计思想，掌握实验设计的方法和技能。然后，教师要经常有意识地指导学生进行规范性的实验方案设计，在学生头脑中牢固地形成实验设计的基本思路：明确目的及要求──→分析实验原理──→选择实验器材──→确定实验方法──→设计实验步骤。此外，还可以通过一些典型习题，让学生明确实验设计的基本思路。下面，笔者结合具体实例对实验设计思路做一个简要分析。

例如，请使用电流表或电压表和一只定值电阻测出未知电阻的阻值大小。思路分析：此实验的目的是要测量未知电阻的阻值。如何测电阻，这是思路分析的第二步——分析实验原理，根据 $R = U/I$，要测量导体电阻就必须知道电阻两端电压和通过电阻的电流，利用欧姆定律公式即可求出阻值大小。但如今只有电流表或电压表，只能测定其中一个物理量，怎么办？要运用已具备的知识和技能，进行物理知识、实验技能的组合，可根据串、并联电路的特点：串联电路电流相等，并联电路电压相等。最终确定实验方法，可用定值电阻与待测电阻串联或并联。

(三) 把握实验设计的基本原则

在实际教学中，要让学生设计出一个完整的实验方案绝非易事，他们需要掌握实验设计原则，需要有科学的思维能力，需要掌握实验设计的方法和步骤，最终还必须用准确的语言加以描述。尽管在教学中实验设计的一些理论已得到了普遍的认可，但学生即使记住了这些理论也不会灵活运用，因为学生头脑中原有的知识背景和理论是脱节的，所以教师在教学过程中不能纯粹地讲解实验设计的理论知识，而应引导学生对课本实验进行归纳、总结，在学生原有的经验背景的基础上得到相应的实验设计的理论支持。

例如，探究改变摩擦力大小的方法。在做完实验后，提出以下问题让学生讨论：如果想要探究摩擦力大小与接触面积的关系，能否直接用弹簧测力计拖动两块大小不同的木块以测出摩擦力的大小？学生在热烈的讨论中很容易得出结论：这个实验中只能有一个变量，其他的量都应该完全相同。如果按照上述做法，不仅接触面积不同，两木块对接触面的压力大小也不同，这就违反了控制变量原则。在探究杠杆的平衡条件时，要改变钩码的数量和位置至少测量三次以排除实验的偶然性，通过该实验引导学生掌握实验设计中的重复性原则。再如，静电实验的演示一般比较困难，特别是天气潮湿时电荷很容易漏掉，所以可以做一个简易烘干箱，里面放一只"100W、220V"的灯泡，用来烘干箱内的"湿气"，里面再放一些静电器材，如玻璃棒、橡胶棒、毛皮、丝绸、验电器等。有了这样一个全天候静电实验箱，这个实验受天气的影响就小多了。通过实验仪器的改进让学生认识到实验设计也要遵循可行性原则。

经过观察、讨论、分析，学生不再被动地记忆实验设计的理论知识，而是了解了整个实验安排的必要性，懂得了实验设计虽然需要大胆畅想，但是更重要的是要考虑实验方案的科学性和可行性。这样，学生对实验设计的原则有了更清晰的认识，还在这样的分析中培养了思维的严密性。

(四) 培养良好的思维品质

思维品质是培养实验设计能力结构形成的核心。在实验方案设计过程中，需要运用发散思维、逻辑思维、想象思维、直觉思维、批判性思维等多种思维方式。教师在教学中要提高教学效果，就必须加强学生的思维训练，提高他们的思维能力。教师要引导学生对实验进行改进设计来培养学生的批判性思维；通过设计实验解决一些趣味的、新奇的现象或问题来激发学生的主动思维；让学生针对一个问题设计多种方案，挖掘同一个实验装置的不同用途，从而训练学生的发散思维；通过对自己设计的实验方案的论证来训练逻辑思维；通过对设计过程及所得结论的审视与反思，培养学生思维的紧密性与收敛性；让学生通过讨论、交流，用辩证的眼光看待每一种实验设计方案的优点和缺点，开阔学生的思维，培养辩证思维能力，等等。

当教师所传授的知识不能求解时，学生自然会改变思维方向，另求他法，从而摆脱思维定式的束缚。思维训练的方法是多种多样的，教师要多加注意学生思维能力的训练，培养他们解决实际问题的能力。学生思维能力的提高，也必将促进实验设计能力的提高。

(五) 规范学生的物理用语

大部分实验设计题都需要通过物理语言来表述。不少学生在解题时使用物理用语不规范、描述物理实验现象不规范，这不仅是学生学习物理的障碍，也是学生考试失分的重要原因。为此，教师必须指导学生掌握用物理语言来思考解答问题的方法，以帮助学生提高物理学习的能力。

1. 教师要规范教学用语

在课堂教学实践中，教师的教学语言直接影响学生的言语，要训练学生正确运用物理语言，教师在教学过程中的教学语言必须科学化，运用严谨、准确的语言表达各种概念、原理和规律。例如，探究物体的浮沉条件。实验中，物体所受浮力是在完全浸没时的浮力。在力和运动的关系中，惯性是物体的一种属性，我们只能说物体"具有惯性"，而物体"受到惯性"或"惯性的作用"或"惯性力"这些错误的说法教师必须在课堂上强调指出。在说滑动摩擦力方向时，只能说"与物体相对运动的方向相反"，而不能说"与物体运动方向相反"。教师在教学中要注意每一个细节，严格要求自己，做到教学示范化，让学生有样可学。

2.学生要提高规范答题能力

课堂是锻炼物理表达能力的最佳场所，教学过程中要多给学生提供"说"的机会，可说过程，说思路、疑问，说知识点，让学生通过多方面考虑成熟后有条理地、符合逻辑地进行讨论回答。这样既能锻炼学生从容陈述问题的能力，又能及时针对学生在物理表述中暴露的弱点进行有效的指正，为进行有效的书面语言表达的训练打下良好的基础。

另外，教师应营造各种环境，激励学生多写，在书写中总结经验，形成规范。要有针对性地练习实验设计题，要求学生进行规范而简练的书写，且在每一次练习或考试后，都能及时纠正、纠错、反思，对差错做出深入的分析，找出错误的根源，指明规范的做法。这样可以将规范问题深深地植根于学生的意识之中，使其摒弃过去关于规范问题可有可无的错误认识。

总之，要提高学生的实验设计能力，必须使学生在理论知识的基础上把握原则、理清思路、书写准确、分析清楚、强化训练才能运用自如。

第七章　初中物理实验教学中学生科学探究能力的培养

第一节　学生科学探究能力的概念界定

一、科　学

科学，英文写作 science。"科学"在《现代汉语词典》中的解释是：用来反映自然、社会、思维等的客观规律，属于一种分科知识体系[1]。各个领域的研究者都试着给"科学"下一个完美的定义，但往往具有一定的局限性。大致上说，科学是人类学习的知识体系，它具有已经系统化的、公式化的及有序性的特点，主要以语言为形式，以客观现象为对象，将定理作为人类的思考方法，通过形式化的科学内容，把自然界里已存在的现象和规律以一种基础的理论知识来体现的体系。

二、科学探究

"探究"在《辞海》中的释义为：探索研究。"科学探究"便可以理解为：科研工作者探索整个客观世界的过程[2]。"科学探究"是由美国著名教育家布鲁纳提出的，他主要强调了学生要依靠自己对新事物具有的认知，理解物质之间已存在的相互作用，从而形成概念，最终获得真理。从本质上说，学生学习理论知识与科学家探究真理的过程是一样的。学生利用科学思维的方法，在物理实验课学习知识的过程就是一种科学探究的过程。不同的是，学生以实验的方式学习物理概念、名词和现象是一种实践活动，而科学家追寻

---

[1] 中国社会科学院语言研究所词典室 . 现代汉语词典 . 第 5 版 [M]. 北京：商务印书馆，2005：21.
[2] 黄敏 . 基于科学探究能力培养的支架式教学实践研究 [D]. 上海：上海师范大学，2020：31.

真理的过程是时代的进步[1]。

三、科学探究能力

通过查阅《辞海》，笔者找出了"能力"一词的解释，它是人类在学习、熟练掌握和灵活运用知识时，自身所需要的一种个性心理特征。普通心理学认为，能力是完成一项目标或任务所必需的稳定的心理素质，因此科学探究能力被认为是从事科学探究所必需的一种综合能力[2]。科学探究能力是2013年全国科学技术名词审定委员会公布的教育学名词[3]。学生通过物理实验课程的学习，来培养其科学探究的能力，主要体现在以下几个方面：在初中物理实验课堂上，教师从生活中举出实例，学生能否积极主动地提出问题；通过创设新奇的，或与学生认知相冲突的情境，让学生从中提出具有合理性的猜想，而不是漫无目的地随便进行猜想，提出合理的猜想之后，教师与学生一起整理猜想的思路，从而形成假设；学生通过合理性的猜想去设计实验，并制订能顺利完成实验的计划；在实验过程中，学生之间互帮互助，积极交流，收集证据；通过分析论证实验现象或实验数据，在教师的引导下，对实验的原理、器材适当地进行评估，最终学生之间通过交流合作顺利完成实验内容的学习。

四、探究性实验

探究性实验是指在不明确实验结论之前，依靠其本身对事物的理解，运用科学方法得出正确结论的一种认知活动。

表7-1 人教版初中物理教材中实验的数量统计

教 材	实验总结	探究性实验
八年级上册	24	8
八年级下册	19	10
九年级全一册	32	10

---

[1] 朱莉娅.高中生物学实验教学中培养学生科学探究能力的研究 [D].哈尔滨：哈尔滨师范大学，2019：21.
[2] 阎金铎，郭玉英.中学物理教学概论(第三版) [M] 北京：高等教育出版社，2009：10.
[3] 肖引.城市大学提升核心竞争力的路径选择 [J].西南交通大学学报(社会科学版)，2016，17(2)，12-19.

在人教版初中物理教材中的所有实验里，探究性实验占到总实验的比例为 37%（见表 7-1），由此看出了教材中明确指出的探究性实验对初中生的科学探究能力的培养起着非常重要的作用。

第二节　初中物理实验教学中培养学生科学探究能力的理论依据

一、发现学习法

"发现学习法"是美国心理学家布鲁纳提出的，他强调学习过程的本质是发现[①]。强调教师在该过程中，多使用具有启发作用的语言引导学生学习新事物。教师在为学生提供相应的学习材料之后，学生凭借已有的认知，充分运用自身学习新事物时所用的独特方法，去主动发现和学习课本上的内容。

将发现学习法应用到学生学习物理实验的过程中，强调教师和家长应注重学生探究式学习的过程，不能片面地只看重学习的结果。发现学习法主要是指学生在学习实验内容之前，根据生活经验已经储存了一定的知识，学生利用这些知识去主动地学习教师给定的材料，在整个学习过程中，学生只身一人，将学习材料进行分析，并从中进行反思和加工，让学生体验与科学家探求真理相类似的探究过程。教师在学生探究知识的过程中，与学生成为真正的朋友，而不是以一种严厉的姿态出现在学生视野中。教师要引导学生积极地探究、分析知识，而不是让学生只做知识的接受者，鼓励学生敢于质疑新事物，而不是认为教材或者教师给定的知识都是正确的，学生持有好奇心的探究与漫无目的的探究所带来的学习效果是完全不一样的。发现学习法强调学生个体在学习时自发的驱动力，提倡学生在开始物理实验之前，应保持好奇的心理，在成功地掌握实验之后，才能获得一定的成就感。

二、"从做中学"理论

美国著名的教育家杜威，其教学论的主要思想是"从做中学"，提倡把

---

① 李雪莲. 布鲁纳"发现学习"及其启示研究 [J]. 西部素质教育，2015，1(7)，10-11，14.

学生学习新知识的过程，认为是"做"的过程。学生除了在教材上可以学到知识，还可以利用动手的方式来探索客观世界，从而获取理论知识[①]。

把杜威的思想应用到教学中，主要是告诉我们：教育与生活有着紧密的联系，并且教育从生活经验中产生，但又不代表一切生活经验都具有真正的教育作用。强调了在人类的教育中，结果不是最重要的，重要的是过程本身。把"从做中学"具体地应用到教学过程中，即教师要以学生的兴趣和身心发展特征作为中心，让学生通过"做"的方式来学习新知识，重视学生的学前认知，错误的认知要通过教师指引加以改正，而正确的认知要继续向横向和纵向发展。在实际的物理实验课程中，教师将以上述内容作为参考，在实验过程中起着启发引导的作用，学生通过"做"的方式来设计探究性的物理实验内容，以学生为主体，让学生自主探究性地学习。

第三节　通过实验教学培养学生科学探究能力的策略

教师要运用探究式的教学方式来培养学生的科学探究能力。首先，教师要深刻认识到探究性实验的重要性；其次，教师应根据实验内容和学生情况巧妙地设计科学探究性活动；最后，教师要真实而有效地实施科学探究性实验教学。根据初中物理课程标准，对学生科学探究能力的培养主要从以下内容进行，分别是：提出问题、猜想与假设、设计实验与制订计划、进行实验与收集证据、分析与论证、评估、交流与合作。根据初中物理课程标准给出了物理实验教学策略的设计原则，然后从多方面论述了在初中物理实验教学中培养学生科学探究能力的教学策略。

一、物理实验教学策略的设计原则

（一）趣味性与适度性相结合的原则

为改变学生印象中的物理偏难、枯燥、无味，教师需在课堂中融入趣味性，并且一定要把握好"度"，意味着教师在设计教学策略时要贯穿适度

① 朱萌. 杜威的"从做中学"教学理论及其现实意义 [J]. 理论观察，2016(9)，159-160.

性原则。教师设计教学策略是为了确保教学任务的顺利完成，更是为了学生高效率的学习。教师通过为学生创设生活情境，并使物理实验器材生活化，来让物理课堂变得生动又有趣。通过营造良好的课堂氛围来缓解学生的紧张情绪，使学生敢在课堂提问。需注意的是，舒适的课堂氛围虽然可以使得学生思维活跃，但是教师不能在课堂上过度开玩笑，以免影响教学进度。教师在设计教学策略时需要谨记，在了解学情后，为学生讲授理解较困难的知识时，教师可以适当在课前活跃课堂氛围，当物理知识本身简单且容易理解时，教师就不需要再次活跃课堂氛围，避免造成学生情绪高涨而无法仔细听讲的情况发生。趣味性与适度性是相辅相成的，不能一味地为了追求有趣而忽略了教学内容的落实以及课堂的管理。

（二）理论性与实际性相结合的原则

教师在实验教学中设计教学策略时，需要结合具体的物理实验内容来判断如何设计。教师在讲授实验之前，通过分析实验内容，在了解学生的认知水平后，为本次实验内容设计出合适的策略。初中物理实验中的部分演示实验，通过生活用品或文具用品便能完成简单的实验现象的演示，这便不需要教师设计任何教学策略，也能完成实验课程的目标，达到学生对实验内容的掌握。鼓励教师带领学生真正地走进实验室，但不代表每个物理实验都要去实验室进行，在提高学生的实验动手能力时，为了正确演示出实验的现象，教师需要选取学生熟悉的实验仪器，不能选取以学生的认知无法理解的实验仪器。根据具体的实验内容，教师选择合适的实验器材，从学生的角度出发，联系生活实际，合理运用生活用品和文具用品制作简易实验仪器。

（三）直观性与启发性相结合的原则

在学生对探究内容进行积极思考和自主探究之后，为了让其观察到正确而又明显的实验现象，以及加速他们对新知识的同化，教师在教学时，最好以展示出放大而又明显的实验现象为目的，进行教学策略的设计。教师可以亲自设计教具，最大限度地使实验现象直观又清晰地展现在学生面前，并将教具与语言相结合，但要注意语言要直观。教师设计的教学策略除了具有一定的直观性之外，还应具有启发性。对于接受能力弱、学习物理实验兴趣不高的学生，教师可适当引用科学家的小故事，让他们从故事中感受科学家所经历的艰辛，明白任何理论的产生都是非常困难的。学生从教师讲故事的过程中受到启发，从而提出问题。

二、培养学生科学探究能力的策略

（一）培养学生提出问题的能力

爱因斯坦曾经说过："提出一个问题往往比解决一个问题更重要。"经过调查发现，我国中学生具有较强的数学运算能力和逻辑推理能力，但是存在一个普遍现象，即上课期间，学生从教材里或教师创设的情境里难以发现问题，更难以提出问题，创新能力较低，导致学生对新知识总是习惯性地全盘接受，更不会根据已有的知识经验去质疑。在物理实验课程的学习中，以教师的引导为主，鼓励学生从具有趣味的情境中产生质疑，并对研究内容提出问题。

1. 营造气氛使其敢问

学生在上课时，需要全神贯注地听讲，更需要有足够的勇气去积极主动地提出问题。处于青春期的初中生，除了好奇心理、求异心理很强之外，他们的自尊心敏感而又脆弱。学生在课堂上不想提问题的主要原因有三点：第一，在课堂上，学生心里害怕突然提出问题打乱了教师上课的节奏，影响新课讲授的进度，而被教师批评；第二，由于学生接受新事物的能力较低，在物理知识方面了解得又比较少，所以不知道该如何陈述问题，语言组织能力差，无从问起，导致了学生不懂如何去问；第三，学生怕自己提出的问题不具有一定的逻辑性，可能是大部分学生已知的问题，从而显得自己比别人愚钝，因此受到嘲笑。综上所述，教师在课堂上应该与学生建立和谐、友好的关系，成为真正意义上的良师益友。在基础较弱的学生提出问题时，无论学生提出的问题是否构成一个物理问题，教师都应当先表扬学生能主动提出问题的勇气，再带领着所有学生分析该学生提出的问题与所要探究的问题之间的区别。

2. 创设情境使其善问

针对初中生好奇心强的特点，教师通过创设新奇的或与学生的认知不相符合的场景时，便会使学生积极主动地投入到学习活动中。

例如，在"探究杠杆的平衡条件"时，教师将以往固定的跷跷板中心改变成可移动的。教师为学生播放录制的视频，第一次实验现象是：质量不同的两个石块固定在木板两端，质量大的石块在下面，而质量小的石块被高高地翘起。第二次实验现象是：两个不同质量的石块处于平衡位置。两次实验现象的区别是：原本固定的跷跷板中心改变成可移动的，最后使得质量不同的石块也可以平衡在木板上。教师引导学生观察视频内容，视频中两种现象的不同之处非常明显，非常容易找出区别，从而激励学生积极提问。

例如，为了让学生进一步地理解振幅是影响声音响度的因素之一，教师可以为学生创设以下情境：教师在课堂上敲击桌面，这时学生只听到了"咚咚咚"的声音，而眼睛无法判断出桌面是否会振动。这时，教师告诉学生桌面没有振动，说明这个物体不存在振幅。学生由此现象产生疑问。接着教师将一些小纸屑放到桌面，然后敲击桌面，学生则会看到小纸屑在"跳舞"。为学生创设相矛盾的情境，学生对教师前后两次演示的现象进行思考，从而看出唯一的区别是后者将实验现象放大，因此使得学生在课堂学习中想要提出问题。

例如，在学习压强时，教师在课前准备一个装有半杯水的透明玻璃杯、乒乓球和一个底部被剪掉的塑料瓶，为学生演示实验现象：教师拧紧塑料瓶上的盖子，将乒乓球放置于盛有水的透明玻璃杯中，用塑料瓶套住乒乓球，并下压至水里。神奇的现象发生了，乒乓球被压进了水里。在此现象中，学生会不由自主地向教师提问，为什么乒乓球会被压进水里？一般情况下，乒乓球不能被压进水里。教师通过创设与学生认知相冲突的现象，使学生善于提出问题。

3. 引用故事使其想问

在物理实验课堂上，教师使用生动有趣的语言为学生讲授科学家探索真理的艰难过程。学生在听教师讲授物理学家的小故事时，除了敬佩他们锲而不舍的追求真理的精神以外，还能让学生在听故事中产生疑问，促使学生从中想要提出问题。科学家探索真理的艰辛过程意味着他们在寻求真理的过程中遇到的挫折也会给后人留下深刻的印象。

例如，在学习《磁生电》一节中，为了让学生更好地理解磁生电现象，教师不妨为学生介绍科拉顿这位科学家的故事——在跑来跑去中错失了良机。有一位科学家，在1825年做了这样一个有趣的实验：他将一个磁铁插入螺旋线圈里，并仔细观察连接灵敏电流计的螺旋线圈里是否有电流产生，为了减弱磁铁在进出螺旋线圈时对电流计产生的作用，他采用一根长导线将灵敏电流计连接在螺旋线圈上，并放置在隔壁的房间里，在磁铁插入螺旋线圈时，科拉顿便跑去观察灵敏电流计，能产生电流的唯一条件就是灵敏电流计有示数。于是，科拉顿就按照这样的步骤跑来跑去。在这个过程中，无论他跑得多快，往返的频率多高，始终无法看到灵敏电流计有示数产生。后人皆知，科拉顿设计的实验是正确的。这时候学生便会产生疑问：为什么科拉顿的实验是正确的，电磁感应现象却不是他发现的呢？这时，教师便会为学生解疑，科拉顿之所以没有观察到灵敏电流计的示数，是因为科拉顿太"慢"了。当时，灵敏电流计在插入磁铁的瞬间是有示数的，只是缺少一位助手帮助科拉顿去观察灵敏电流计的示数，因此他便在跑来跑去中错失了良机。教师引入物理学家发现真理的小故事，让学生感受科学家在探索真理时的艰辛历程，并从中提出问题，以此达到使学生更好地理解物理知识的目的。

例如，在学习《阿基米德原理》时，教师为学生引入有关"测皇冠"的故事：很久以前，有一位国王想要一顶皇冠，但皇冠做好之后，国王又不知道他的这顶皇冠是否是纯金的。为了打消国王的疑虑，大臣们便委托阿基米德担此重任。事实是，这顶皇冠和国王给工匠的黄金是一样重的。既然一样重为什么国王还是不放心呢？接着在不久之后的某一天，阿基米德去洗澡，由于水盆里的水过多，在他坐进水盆时大量的水流出了水盆，这时他推测性地想到当固体在水中时，用排出水的量来计算皇冠是否是纯金的。这便引起了学生的思考，并产生疑问：为什么知道固体在水中的排水量就可以判断出皇冠里面是否掺假？教师便为学生解决疑问，将提前准备好的相同质量的黄金和已经铸就好的皇冠放入水中，并比较它们溢出水的多少，只要它们溢出水的体积不是一样多，便可以证明皇冠里面掺入了别的金属。教师为学生讲述科学家的故事，让学生从听小故事中产生疑惑，再顺其自然地提出问题。

(二)培养学生学会猜想与形成假设的能力

猜想，主要是指在研究人类未发现但是已存在的物理规律时，以研究大自然事物的某个或某方面的重要特征为主要依据，为达到解决问题的目的，利用推断和猜测的途径进行的一种初步尝试；其主要是指人在对问题进行想象的过程中，去提出可能发生的并且合理的猜想，带有一定的推断因素。有了无数个合理的猜测，才使科学家们探索了无数的伟大理论，没有合理性的猜测，便难于产生伟大的理论。在学生对研究内容进行猜想时，教师必须让学生明确猜想的依据是什么，以此来引导学生进行合理的猜想，而不是让学生在课堂上随心所欲地发表自己对研究内容的看法。首先，学生的学习经验不足，在对研究问题进行猜想的过程中对知识缺乏感性的认识，因此在学生进行合理的猜想之前，为了让学生对猜想的内容有更深入的理解，教师应为学生提供感性的素材。其次，教师在为学生提供感性素材的基础上，再对学生进行科学思维方法的指导。从这两个方面入手，使学生学会猜想并使猜想更加合理。最后，教师将学生所提出的猜想按照合理性进行筛选，形成合理猜想。最终，教师与学生一起将之前讨论的思路整理出来，形成假设。

1. 亲身体验实验器材，使学生学会猜想

在实验课上，当学生所要猜想的内容在日常生活中不容易接触时，教师应充分利用学校及自身所能提供的条件，多为学生创造能近距离接触实验器材或观看实验现象的机会。一方面，近距离观察实验现象，激发了学生对学习物理实验内容的兴趣；另一方面，近距离接触实验器材有助于学生进行猜想，有利于学生对知识的同化，从而加深学生对知识的印象。

例如，在讨论影响弹性势能的因素时，教师尽最大努力为学生搜集种类各异的弹簧，并在弹性限度允许的范围内，让学生用手拉一拉，让学生近距离触摸弹簧，促进学生对研究内容的影响因素进行猜想。

例如，在研究凸透镜的成像规律时，教师可以为学生带来照相机。在学生学习了照相机和投影仪的成像原理之后，教师首先应让学生再次明确照相机和投影仪的哪个位置是凸透镜；其次，教师让学生知道照相机的像是在胶片上，投影仪的像是在屏幕上；最后，教师让学生明确照相机与投影仪实物及实物对应的像所在的位置。在学生对实物、凸透镜以及像的位置明确之后，教师让学生利用照相机拍照，结合生活经验，对凸透镜的成像规律进行猜想。

2. 结合科学思维方法，使猜想更加合理

学生对研究内容进行猜想时，为了使猜想更加合理，必须有所依据。它主要是指教师倡导学生在探讨研究内容时，敢于提出猜想，多鼓励学生合理利用已有的知识经验，使用观察、比较、实验、归纳、推理等方法，大胆地发表自己的看法。教师在了解学生基础知识掌握多少的前提下，以学生所提出的猜想能否发生或者发生是否合乎情理为依据，判断学生提出的猜想是否正确。此类方法有归纳法、对比法以及推理法。

（1）归纳法，是指在研究某些物理对象时，从只有部分对象才具有的某种特殊属性而推测出这一类物理对象都具有该种属性的一种方法。该方法具有从特殊到一般的特点。在学生利用归纳法对研究内容进行猜想时，主要是分析研究内容所包含的共同点，立足于研究内容的共同点，进行猜想。例如，人敲击鼓面使其振动而发出声音，用手拉皮筋使其振动发声，以及雄性金蝉利用腹部的发音膜的振动而发出声音，由此猜测物体的振动可以发出声音。

（2）对比法，是指研究对象最少是两个，在其他条件都相同的情况下，把事物的两个方面放在一起比较的过程，从而进行猜想。例如，在其他条件相同的前提下，观察一滴铺平的酒精与一滴未改变外在形状的酒精的蒸发程度。

（3）推理法，在对所要研究的内容有一定知识经验的基础上，根据前人已得出的研究成果，利用已知的判断，推导出未知的结论。例如，学生在学习通电导体产生的热量时，根据学过的知识，了解电流做功可以使通电导体发热。根据电流做功的公式：$W=UIT$，再结合 $U=IR$，化简前面两个公式得出 $W=I^2RT$。教师可以根据最终化简的公式所涉及的三个物理量作为切入点，引导学生进行猜想。

（三）培养学生设计实验的能力

设计实验主要包括两个部分：一是，确定实验步骤；二是，选取实验器材。在设计实验之后，教师也要预想学生在具体的实验过程中会遇到怎样的困难，在实验过程中可能引起的突发状况，学生应如何选择实验器材才能合理地开始实验等。此类方法有控制变量法、替代法和转换法。

1. 控制变量法

它指的是在物理实验中，当要探究的对象与多个物理因素有关时，为了能判断出研究对象与各个物理因素之间的关系，只改变一个因素，并保持影响研究对象的其他因素不变，来分析研究对象的变化情况的一种方法。运用控制变量法的实验如表 7-2 所示。

表 7-2　运用控制变量法的实验

探究内容	影响因素
压力的作用效果	压力大小、受力面积
液体压强	液体密度和深度
滑动摩擦力大小	压力大小、接触面粗糙程度
电磁铁的磁性强弱	线圈匝数和电流大小
物体的势能	质量和高度

2. 替代法

学生在使用替代法设计实验时，着重强调了替代的等效性。主要是指利用另一个物体来替代研究的对象，从某种角度上说，不改变实验的效果。一般情况下，需要替代的都是一些不可直接测量的物理量。

例如，在电路学习中，可以用一个合适的电阻来替换很多电阻，它们的替换对电路不会造成任何影响。

3. 转换法

在测量物理量时，一方面，由于受限于待测量本身的关系，没有能直接测量它的实验器材；另一方面，在学校实验条件限制的情况下，提高不了待测量的准确性。因此，将测量转换成相对应的函数公式或某些等效的物理现象进行。使用转换法的实验如表 7-3 所示。

表 7-3　使用转换法的实验

探究内容	转换后的内容
音叉的振动	乒乓球的弹跳
磁场	观察小磁针的转动情况，表明磁场的存在

续表

探究内容	转化后的内容
电磁铁的磁性强弱	电磁铁吸引的大头针的数量
压强的大小	人手的疼痛程度，使细沙凹陷的程度
分子运动	墨水的扩散现象

（四）培养学生观察现象的能力和动手操作的能力

诗人萨迪曾经说过："有知识的人不实践，等于一只蜜蜂不酿蜜。"在学生从教材上学习了一定的知识之后，便应尝试性地进行具体的实验。在教师引导学生进行实验时，可以先让学生进行一些简单而有趣的实验，感受一次实验成功的喜悦，再通过教师的帮助，选取合适的实验仪器，按照自己制定的内容进行有一定难度的实验。在科学探究这一环节中，教师利用学生在实验时如何挑选实验器材来检验学生掌握的知识，主要是培养学生的操作能力和观察能力。

1. 增加观察次数

在演示实验现象时，教师逐步增加实验步骤，或观察实验现象的次数，从而设置悬念，给学生留下思考的余地，让学生从中分析现象，最终得出结论。

例如，在探讨凸透镜的成像规律时，当学生了解了凸透镜具有会聚作用后，教师提前做好实验准备，最大程度地使光具座上的仪器中心在同一水平位置。首先将蜡烛距离凸透镜稍远一点；其次将蜡烛靠近凸透镜一段距离，使得与第一步所成的像有明显区别；最后再次缩小蜡烛与凸透镜的距离，使得所成的像与前一次有所不同。在教师改变物与凸透镜之间的距离的这一过程中，教师应对学生提问有关物与凸透镜的问题，目的是让学生对教师示范的现象进行仔细的观察。最终，以顺利完成实验为目的，教师通过增加学生观察实验的次数，培养学生在未来成长中学习新事物的观察能力。

2. 形成观察习惯

学生应该充分利用课前、课中以及课后学习每门课程。在以往的教学中，学生同化新知识采用的必不可少的方式就是反复地、大量地做练习题。

爱默生曾经说过："细节在于观察，成功在于积累。"教师将做课后习题转变为课后观察，让学生通过总结生活中的例子达到巩固知识的目的。

例如，在学习物态变化这一节时，教师将课后作业变为课后观察，让学生更多地从生活中发现与物态变化有关的实例，如表7-4所示。

表7-4　生活中常见的物态变化

物质的状态	生活中的物态变化
熔化	将沥青熔化并为修建公路时所用
凝固	冬天时，水变为固态的冰；车轮是由钢水铸成的
汽化	晒在太阳下面的湿衣服一会儿就变干了
液化	水蒸气遇冷凝结成小水珠；从冰柜里拿出来的罐装水"出汗"了
升华	在零摄氏度以下时，冰吸热直接变成水；加热碘时，碘由固态直接变为气态
凝华	水蒸气突然遇冷凝结成固态的冰；灯泡里面的钨丝发黑

3. 转变实验器材

在初中物理实验中，对于实验现象的演示未必非要采用实验器材。教师可灵活运用生活中的用品和文具用品，合理并简单地制作实验装置进行物理实验现象的示范，并引导学生在课堂上积极发言，对实验装置的选择和组装各抒己见。

例如，在讨论浮力的大小与体积的关系时，教师可以让学生准备一盒橡皮泥，在每块橡皮泥的质量相同的前提下，改变橡皮泥的形状，从而判断物体体积的大小与浮力的关系。

例如，在讨论二力平衡的条件时，教材中的实验内容是：在水平板面上放有一辆小车，小车的两头各有一个托盘，分别给两头的托盘里增加砝码，以此来探讨二力平衡的条件。教师可改变课本中给出的实验器材，用一根细绳来研究该实验内容，分别让两名学生位于绳子的两端，在学生拉绳子的过程中，尽量使绳子在水平位置上，如若让两名学生用力的方向相同，绳子就拉不直，尽量使两名学生所用的力大小相等，否则其中的一个人就会被另一个人拉着走。通过转变实验器材，利用绳子便探讨了二力平衡的内容。

（五）培养学生分析实验结论的能力

在实验过程中，学生利用分析、讨论、归纳以及总结这样的科学思维方法，去观察实验现象和收集数据，从而得出具有一定规律性的结论。为了让学生体会知识获得的过程，最好的方式就是让学生去总结在整个物理实验探究过程中得到的成果。

在初中物理实验中主要存在现象类、数据类以及图像类三种实验结论。

1. 分析现象类

当实验结论是为了验证某种现象时，常用到的方法有：归纳、比较和推理。在分析现象类结论时，意味着教师应引导学生从整个自然界以及人类生活生产中，去研究已经存在且未被破坏过的现象，从这类现象中归纳出共性问题。一般情况下，认为通过分析"物理现象"可以总结出"物理问题"。

例如，在探讨影响滑动摩擦力大小的因素时，教师可以采用归纳法将物理问题从物理现象中总结出来。在实验中采取控制变量法，可以让学生更容易从物理现象中提出物理问题。实验前，教师为学生准备完全相同的小车和斜面，并规定小车在下滑之前，应该处于相同高度以及初速度为零。除此之外，小车运行的水平位置分别用较光滑的桌面和细沙代替。在实验现象产生时，学生通过观察实验现象，并总结实验条件：一方面，同样的小车，同样的斜面，小车位于同样的高度，都是让小车静止下滑；另一方面，小车在水平位置运行的距离不同，水平位置的接触面不同。学生通过分析实验条件，从物理现象中提出物理问题，即接触面的粗糙程度是影响滑动摩擦力的因素之一。

2. 分析数据类

在分析数据类结论时，主要分为两步，分别是定性分析和定量分析。首先，教师带领学生进行定性分析，主要是通过自变量的变化来判断因变量的走向，也是笼统地分析数据。其次，进行定量分析，也就是要找出数据之间存在的某种函数关系。最终，不仅让学生学会利用定性分析找出实验数据中包含的某种规律，还要在定量分析中找到适合实验数据的某种定量关系。

例如，学生在学习电流与电阻之间存在的关系时，得到的数据，如表7-5所示。

表7-5　当电压一定时，电流与电阻的变化情况

R/Ω	I/A
2	2
4	1
8	0.5

首先对上述数据进行定性分析。规定电压不改变时，电流随着电阻的增大而减小；其次对表格进行定量分析。当电压不改变时，电阻从 $2\Omega-4\Omega-8\Omega$，呈递增趋势；而电流从2A—1A—0.5A，呈递减趋势。由此可知，在电压不变时，电流与电阻成反比。

根据学生已有的基础知识可列：$I=K/R$，其中 K 为比例系数，最后可求出：$I=4/R$。

（六）培养学生评估实验的能力

评估是初中物理实验探究中的一个重要环节，评估的目的是优化实验探究的方案，验证实验的猜想和假设与实验探究的结果之间存在的差异。在对学生选取的实验原理、实验方法、实验内容进行评估时，首先，教师要考虑学生用到的探究方法是否符合实验原理；其次，教师要考虑学生选取的实验器材是否与实验原理相关；最后，数据的处理是否依据实验所用的原理。评估时，学生之间畅所欲言，以沟通、倾听、分享以及自我反思的方式，互相启发，形成互补。通过对实验进行评估，培养学生的批判性思维和尊重实证的科学态度。

1. 对实验原理进行评估

学生在进行探究性实验的过程中，都是依据一定的原理、方法、内容来进行交流的。强调学生在此过程中，学生一定要注意自己所用的原理、方法、内容是否与研究计划符合。

例如，实验内容要求测量液体的密度时有几种方式，学生可以根据 $\rho=m/V$ 的原理来测量，也可以用密度计直接测量，还可以利用浮力的知识来测，或者依据其他知识来测量。那么，在评估时一定要看方法的选择是否符合原理。若要求利用 $\rho=m/V$ 的原理来测量，学生却选择了密度计，这显然

和原理不合，无法以此对实验原理进行评估。

2.对实验器材进行评估

实验器材是物理探究实验的重要组成部分，实验器材的正确选择对顺利完成实验探究来说非常重要。在选择实验器材时，应该根据实验原理、实验器材之间的关系进行选择，它的规格、型号的不同直接影响着实验结果。除此之外，实验器材的正确使用也是非常关键的。对实验器材进行评估时，教师主要考虑器材的选择是否合理、是否能在具体的探究过程中起到实际的作用、学生的使用方法是否正确以及是否需要改进实验器材，从而使得实验现象更加明显、实验数据更加准确。

例如，在讨论平面镜的实验内容时，分别评估刻度尺、蜡烛、玻璃板在该实验中具有何种作用，并分析当用别的实验器材来代替它们时，是否会影响实验结果的产生。在实验中采用玻璃板而不用平面镜或者将光屏放在成像的位置时，实验现象是否还能产生。

3.对实验数据进行评估

一组实验数据是得出一个实验结果的依据，它的正确性直接影响实验结论是否正确。在记录数据的过程中，学生难免由于粗心大意而导致数据的误读、错读及漏读。除此之外，学生还会出现数据记录上的错误，从而使得实验结论不严谨、不正确或根本无法得出结论。学生在记录数据时，教师应该提示学生小心仔细地读取实验数据，避免出现少记、多记和错记。

(七) 培养学生交流与合作的能力

培养学生的交流与合作能力，不仅有益于学生自身综合能力的培养，还可以帮助学生了解其他同学对知识的不同见解。交流与合作是学生能及时地吸收知识、完善知识、传达知识的一个重要途径。及时与教师或其他学生进行交流，有助于学生快速吸收新内容；经常与教师或其他学生进行合作学习，有利于学生综合能力的提高。

每个学生的思维形成过程与实验操作过程都是不相同的。学生除了学习完成本次实验所有的内容之外，教师还能将内容进行迁移扩展，帮助学生总结已学过的相同的原理或科学方法，让学生对知识有一个系统性的掌握，有益于在未来的学习中，恰巧遇见相类似的问题时，学生能快速指出解答此类问题的方法。将交流与合作的过程引入较深的层次，对实验内容进行横向和纵向的扩展，有利于提升学生对知识的渴望。

1. 明确实验分工，培养交流与合作的意识

学生在学习实验内容时，需要熟知此次实验的内容，根据实验内容，不同的学生要被分配不同的任务，每个学生都扮演着不同的角色，在了解了自己的任务后，学生需要明白交流与合作的重要性，并有条不紊地开展实验。让学生意识到每个实验步骤都是一个完整实验的重要组成部分，任务不分轻重，每个学生所执行的任务对实验的顺利完成都有着重要的作用，让学生认识到仅靠一己之力很难完成实验内容的学习，必须在其他同学的帮助下才能顺利完成。在物理实验课堂上，为了实验能够顺利进行，教师需让学生明确自己的任务，增强学生之间交流与合作的意识，尽量使所有学生的能力都得到一定的提升。

2. 合理划分小组，提高交流与合作的效率

在物理实验中，教师应将学生进行合理分组。在划分小组之前，教师根据学生学习的态度、基础和能力等方面存在的差异，考虑各组成员的多样性，对他们进行分组。将拥有不同特长的学生组成一个小组，以提高小组成员完成实验的效率，这有利于组内学生能力的提升，促进了多种不同信息的输入和导出。学生在实验时，能发表更多的观点、提出更多的异议，促使对新事物形成更深刻、更周密的认知，有效促进组内成员的合作与竞争。

3. 拓展实验内容，升华交流与合作的氛围

在学生全部学习教师提前设定的实验内容后，教师可对实验原理、实验器材以及科学方法进行有益拓展。基于学生感知新事物的快慢程度，扩展出具有探究意义的内容，目的是解决学生在未来学习中可能遇到的困难，从而使实验课堂更加高效。首先，总结归纳物理思想方法或实验原理。教师引导学生在明确本次实验运用的物理思想或实验原理之后，对实验所能用到的同一种方法或原理进行总结归纳。其次，创新实验装置。教材中给出的实验装置不一定是最优的。由于实验仪器的选取不当，对学生来说可能会导致实验结论或实验现象无法展示，这对基础弱的学生来说无疑是雪上加霜。因此，在实验结束后，教师应以帮助学生呈现正确的实验现象，或验证物理规律为目的，分析实验内容，从而改进实验器材。最后，创新实验装置。通

过教师示范、借鉴模仿的方式，运用替代、组合等方法，改进、创新原有的实验装置，然后向学生展示创新的实验装置，延伸对实验内容的学习。一方面，教师为学生创造表现自己的机会；另一方面，通过学生之间的及时沟通，来加深学生对理论知识的理解。综上所述，让原本平淡无奇的课后交流与合作转变成为课后探究。

例如，在观察碘的物态变化时，教材上给出的加热装置是酒精灯。在学生已知碘的熔点是一百多摄氏度、酒精灯能提供的温度是四五百摄氏度时，为了避免碘从固态变成气态的过程中出现液态碘，此实验可以采用低于碘熔点的热源，如七八十摄氏度的热水，以此来优化实验装置。

又如，在探讨物体的沉浮条件时，教师可立足于生活用品来创新实验器材，为学生设计新颖的实验内容。比如，教师为学生准备一个质量较大的木块与一个质量较小的铁钉，将它们放置于水中。学生观察到，质量大的木块反而在水面漂着。从而改变学生的传统观念——重的物体会下沉，使学生豁然开朗。为说明物体的密度不是决定浮沉的条件，教师指导学生将牙膏皮分别挤成空心或揉成一团后，将它们分别放在水中，进行实验现象的观察。通过让学生亲自操作小实验，从生活中取材，从而提高学生的参与度和积极性。

4.鼓励学生，养成交流与合作的习惯

在物理实验课堂上，应以学生为主体，学生在完成教师布置的实验内容后，对实验内容各抒己见、畅所欲言。但是一个班级里难免有基础弱的学生，一时间想不出自己要说什么，也不懂如何说，可他们毕竟参与其中。教师应该更多地鼓励学生表达，可以让基础弱的学生回答实验中所用的方法、原理等简单问题，尽可能地让学生参与到教学活动中来，随后将简单的问题进行深化。教师指引学生从实验结论中发现问题，让学生继续交流与合作，不断发现新问题，循环往复，以此来培养学生交流与合作的习惯。

第四节　初中物理探究性实验的教学案例设计和分析

案例一

（一）以"探究影响滑动摩擦力大小的因素"为例的教学设计

【教材分析】

本节选自人教版八年级第八章第三节，是继弹力、重力学习的延伸。本节是教材中明确规定的探究性实验，它属于力学的基础性内容，同时是学生学习力学的重要内容。本节的主要内容是探究影响滑动摩擦力大小的因素，让学生亲身感受摩擦力，并依据生活经验，提出合理而又可靠的猜想，并引导学生顺利进行实验，完成探究性实验内容的学习。

【学情分析】

学生在学习本节课前，已经对力学的部分知识有所了解，但也应该及时让学生复习。为了让学生更好地理解滑动摩擦力，教师应该以学生的真实情况为依据，对新旧内容做到适当而有效地迁移或拓展，以此让学生顺利完成探究性内容的学习。

【教学目标】

1. 知识与技能。（1）知道摩擦力产生的缘由；（2）了解一些常见的摩擦现象；（3）探究影响滑动摩擦力大小的因素。

2. 过程与方法。（1）从生活角度出发，让学生观察摩擦现象；（2）让学生理解二力平衡的原理；（3）通过控制变量法使实验顺利完成，培养学生设计实验的能力。

3. 情感、态度与价值观。（1）通过学习探究性实验，进行探究性的活动，来满足学生对知识的渴望；（2）在认识与理解新知识的同时，了解它对人类的发展和生活的影响；（3）学生通过学习，获得了丰富的情感体验和严谨的科学态度。

【重点与难点】

教学重点：探究影响滑动摩擦力大小的因素。

教学难点：会运用控制变量法解决问题，掌握滑动摩擦力的测量，让弹簧测力计拉动木块时尽量保持匀速运动。

【实验器材】

木板、木块、纱布、弹簧测力计、两个 50g 砝码。

【教学设计】

1. 播放视频

在公路上，单轮车的行驶速度总会逐渐变慢，直至速度为零；篮球场里，从篮球运动员手里滑落的篮球在地面滚动，最后也会静止在地面上；滑雪运动员可以在雪地里飞快地滑行，但是在水泥路上却不能滑行。

教师提问：在大家观看视频内容时，老师发现每位学生都非常认真，那么观看视频之后，同学们对视频内容有何感想呢？

学生 1 回答：根据生活经验可知，单轮车和篮球最终会静止在地面上，那什么情况下它们能一直滚动下去呢？

学生 2 回答：人在马路上也能飞快地滑行吗？

设计意图：通过播放视频，引导学生注意观察身边的实例，对生活现象进行思考，并产生疑问，活跃物理课堂的氛围。

教师总结：在物理学上，我们选取两个物体，使其相互接触。当它们发生相对滑动时，两个物体的接触面上会产生一种阻碍这种相对滑动的力。这种力便是我们今天要研究的内容——滑动摩擦力。

提出问题：什么因素可能影响滑动摩擦力的大小呢？

教师提问：同学们，试试用手推桌子，在这个过程中有什么感受？再用手推文具盒，对于这两种推，同学们有何感受？请大家用脚在地面上滑动，感觉脚在前进过程中，地面对脚有什么样的作用？回忆人在冰面上滑行时，两次对比有什么感受？与此同时，请思考滑动摩擦力的方向如何？

学生 1 回答：用手推桌子，或用手推文具盒时发现，手不容易推动桌子，但是可以很轻松地推动文具盒。

学生 2 回答：通过对比人脚在地面和冰面滑行的快慢，发现人好像更容易在冰面上滑行。

学生 3 回答：由于文具盒轻，容易推。相比之下，桌子比较重，所以比较难推。

学生 4 回答：冰面比地面更光滑，因此滑行得更快。

学生 5 回答：用手推桌子时，总感觉有一个力在妨碍手的前进。

教师总结：同学们的回答非常好，用手推桌子时，我们把阻碍手前进的力叫作滑动摩擦力，它的方向与相对运动方向相反，并且它的作用点在桌面上。

设计意图：教师让学生从生活实例中进行思考，从生活感受中找出相同与不同之处，再找出影响因素，培养学生的分析归纳能力。教师引导学生感受摩擦力的存在，从而更容易对影响滑动摩擦力的因素做出猜想。

猜想与假设：与压力大小有关；与接触面的粗糙程度有关。

设计实验：如何测木块在水平面上滑动时所受摩擦力的大小呢？

实验原理：二力平衡的条件。

教师提问：当影响因变量的因素有两个时，一般情况下，我们先让一个因素不变，而探究另一个量与待测量之间的关系，这种方法叫什么？

学生回答：控制变量法。

进行实验与数据收集：

实验内容1：在木板上，使用弹簧测力计匀速拉动木块，根据二力平衡的原理，此时弹簧测力计的示数等于木块与木板之间的滑动摩擦力，并记下此时的示数。

实验内容2：把两个50g砝码放置在木块上方，使用弹簧测力计尽可能地匀速拉动，并记下此时的示数。

实验内容3：分别在木板和纱布上，尽可能地匀速拉动木块，并且两次都不放置重物，记下此时的示数。

2. 合理划分小组

1—4组进行实验2中的内容。

5—8组进行实验3中的内容。

（实验注意事项：在三次实验中，当利用弹簧测力计拉动木块时，尽量使木块匀速运动。同一种实验要求应该进行多次，确保实验数据的可靠性。）

（1）当接触面情况相同时，通过改变压力的大小，测量滑动摩擦力大小的数据收集，如表7-6所示。

表 7-6　改变压力大小的数据收集

压力的大小 /N	滑动摩擦力的大小 /N
木块	0.04
木块 + 两个 50g 的砝码	0.24

（2）当压力情况相同时，通过改变接触面的粗糙程度，测量滑动摩擦力大小的数据收集，如表 7-7 所示。

表 7-7　改变接触面的粗糙程度的数据收集

接触面的粗糙程度	滑动摩擦力的大小 /N
木板	0.04
纱布	0.08

实验结论：通过探究实验可知，接触面受到的压力越大，接触面越粗糙，滑动摩擦力就越大。

3. 评估实验

在进行探究性实验时，学生应根据已有的经验进行合理的猜想。在猜想时，学生应具有一定的猜想依据，而不是随便假设或者盲目假设。例如，在本实验中，教师让学生试试用手推桌子和文具盒，通过两次过程的对比，就能猜想出来压力的大小是否影响滑动摩擦力；让学生体验脚在地面上滑动与在冰面上滑行，通过对比猜想出接触面的情况是影响滑动摩擦力大小的又一因素。本次实验的原理是二力平衡，这要求学生在进行实验时，尽量使木块做匀速直线运动，这样才能确保滑动摩擦力的大小与弹簧测力计的拉力是相等的。只有两者相等，才能把弹簧测力计的示数看作滑动摩擦力的大小，这便提高了学生的实验操作水平。

4. 交流与合作

探究滑动摩擦力的大小与接触面的大小是否有关。

5. 设计意图

本次实验分析了压力和接触面的粗糙程度对滑动摩擦力大小的影响。为了拓展实验内容，教师让学生试着分析还有哪些因素能影响滑动摩擦力的大小，并设计实验进行验证。本次交流的内容是让学生分析接触面的大小对滑动摩擦力的影响，从而达到扩展实验内容的目的，使学生之间交流与合作的氛围更加浓烈。

（二）教学案例分析

在课前引入阶段，由以往的观看静态图片变为观看动态视频，利用播放视频来代替教材上的插图。教师引入生活中常见的现象，活跃了课堂气氛，使学生对视频内容进行思考，由此提出问题，并积极主动地参与到教师设计的教学活动中来。在对实验内容进行猜想时，教师让学生体验生活中的摩擦力，利用生活经验对影响滑动摩擦力大小的因素进行合理的猜想。在设计实验过程时，教师将学生分成两组，分别验证猜想。在实验结束后，为了扩展实验内容，在已学的实验内容的基础上，教师让学生交流接触面的大小对滑动摩擦力大小的影响，从而升华交流与合作的氛围，使学生再一次投入到探究性活动中。这节课的教学改变了教师以往的口头陈述实验，带领学生走进实验室，学生通过正确的引导，顺利完成探究性实验，让学生感受物理课程的魅力之处。

案例二

（一）以"重力"为例的教学设计

【教材分析】

本节内容属于人教版第七章第三节，在学习了力与弹力之后，学生对力这一概念有了初步的认识。本章节的主要内容是重力的概念教学，以及探究重力的大小与质量的关系。学生能正确认识重力的方向，将为以后的学习奠定一定的基础。通过实验探究重力的大小与质量的关系，目的是培养学生积极主动地探究物理规律，并在自主探究过程中感受物理规律的魅力。

【学情分析】

在学习本节"重力"之前，根据学生已有的生活经验，对重力已经有了一定的了解，因此学生比较容易接受本节内容。在日常生活中，学生可以随时感受重力的存在，对重力现象已经是习以为常了。基础一般的学生会认为学习重力很简单，但对那些各方面能力比较强、对物理非常感兴趣的学生来说，通过观察教材上的插图，阅读课后的科学世界，以及对日常生活中有关重力的现象进行思考之后，便会思考重力产生的原因这类深层次的问题。

【教学目标】

1.知识与技能。(1)掌握重力的概念、大小和方向;(2)探究物体的重力和质量的关系;(3)能运用 $G=mg$ 来计算重力或质量。

2.过程与方法。(1)通过探讨物体的重力与质量存在的某种定量关系,掌握科学探究的方法,体会探究过程;(2)收集分析实验得到的数据,掌握处理数据的基本方法,学会去除错误数据,有初步的处理数据的能力。

3.情感、态度与价值观。(1)在实验中,仔细观察实验现象,体会实验过程中用到的科学探究方法,培养学生的观察能力来研究物理问题,让学生时刻进行思考,培养学生的逻辑思维能力;(2)经过实验研究,培养学生从日常生活中分析物理现象,从而归纳出物理问题。通过查阅地球各个区域的重力加速度值,体会重力加速度的意义。

【重点与难点】

教学重点:重力的大小和方向,物重的大小和质量的关系。

教学难点:重力的方向。

【实验器材】

弹簧测力计、质量相同的钩码。

【教学设计】

课前回顾

教师提问:同学们在学习了力之后,还记得有关力的哪些内容呢?

学生1回答:我推着课桌使其向前移动,就表示我对桌子有力的作用。

学生2回答:力可以使物体的外观发生变化。

教师补充:力是一个物体对另一个物体的作用,力的另一个作用效果就是可以改变物体的运动状态。

设计意图:回顾旧知识,使学生将新旧知识更好地联系起来。

教师提问:通过观察教材中的图片,同学们发现了什么?

学生1回答:第一幅图展示了瀑布的场景。

学生2回答:第二幅图展示了渔夫向外撒的渔网,最终落向湖面。

教师提问:请同学们仔细思考为什么瀑布在往下落? 为什么渔网落在水里而不是停留在空中?

学生活动:学生认真思考,结合生活常识,回答问题。

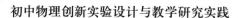

设计意图：让学生通过观察图片的静态美，分析自然界中存在的物理现象，意识到生活中处处蕴含着物理知识。让学生抓住图片的特点，准确描述图片的内容。

第一部分：重力的概念

教师提问：请大家从生活中举出与上述图片相类似的实例。

学生1回答：向外面抛出一切物体最终都会回到地面。

学生2回答：秋天树叶变黄之后便会落向地面；熟透的水果也会掉落在地面上。

学生3回答：人的头发长到一定长度后总是向下的。

教师总结：地球对其表面的物体都有力的作用。在物理学上，由于地球的吸引，从而使地球表面的物体受到的力，称作重力。重力用字母 G 表示。

教师提问：通过上述实例，同学们能从中找出受力物体、施力物体吗？

学生回答：施力物体是地球；受力物体是树叶、水果等。

设计意图：让学生复习与力学相关的知识，明确物理现象中的施力物体和受力物体；通过分析图片，让学生从生活实例中分析、总结物理知识。

第二部分：重力的大小

大量的生活实例告诉我们：人手在托起质量不同的物体时，会感觉所用的力不同。换句话说，人感受重力的不同主要是由于物体质量的不同所引起的。

提出问题：物体重力的大小是否受到质量的影响？

实验器材：弹簧测力计、几个质量相同的钩码。

演示实验：通过不断地增加钩码，让学生观察弹簧测力计的示数。

教师提问：能不能当弹簧测力计还在上下起伏时读出数据？

学生回答：不能。

设计意图：让学生意识到，不能因为急于收集数据，而不遵循实验原理。不仅让学生学会根据实验原理收集正确的数据，还要让学生明确在物体静止时，物体所受的两个力才能平衡。

猜想与假设：物体的质量或物体离地面的高度可能会影响重力的大小。

设计实验：

实验步骤1：当物体距离地面的高度一定时，通过逐次加上钩码的个数来改变物体的质量，以此来测量物体的重力，如表7-8所示。

实验步骤2：当物体的质量一定时，通过改变物体距离地面的高度，来测量物体的重力，如表7-9所示。

表7-8　改变物体的质量测量其重力大小

质量 m/kg	重力 G/N
0.02	0.20
0.04	0.39
0.06	0.59

表7-9　改变物体的高度测量其重力大小

高度 h/m	重力 G/N
0.5	0.20
1	0.20
1.5	0.20
2	0.20

通过记录不同的钩码质量和对应的重力大小，让学生画出重力与质量的图像。

教师提问：大家根据自己所画的图像发现了什么？

学生1回答：在物体的高度不变时，物体质量增加，重力也在增加。

学生2回答：这是一条直线，并且还是一个正比例函数的图像。

学生3回答：改变物体距离地面的高度，物体的重力没有改变。

结论：实验表明，物体所受的重力与物体的质量成正比。我们用符号 g 表示重力 G 与质量 m 之间的比例系数，即 $G=mg$，在此我们把 g 称为重力加速度。

第三部分：重力的方向

演示实验：教师让乒乓球自由下落；被细线系住的纸盒，在静止时所处的位置。

教师提问：老师这里有一根细线和一个纸盒，将细线系在纸盒上，现在将细线剪断，请同学们仔细观察，物体在重力作用下沿什么方向下落？

学生回答：竖直方向。

教师总结：像纸盒这类可以被吊挂的物体，由于受重力影响，使得细线下垂的方向便是重力的方向。这类物体静止时的方向是竖直向下的，因此重力的方向就是竖直向下。

第四部分：重心

教师提问：老师拿着一根戒尺，请问这根戒尺的重心在哪里？

学生1回答：在戒尺中心的位置。

学生2回答：在手与戒尺接触的位置。

设计意图：重心的学习对于学生来说比较抽象，为了帮助学生建立物体模型，用手捏住戒尺，并告诉学生，戒尺与手接触的位置就是重力的作用点，也就是重心。

总结：地球不仅吸引地面的一切物体，还吸引物体的每一部分。在以这个物体为研究对象时，重力作用的表现就像它作用在某一点上，在物理学上，这个点叫作物体的重心。换句话说，物体受到的重力可以认为集中在重心位置，所以重心就是重力的作用点。

【课后观察】

请同学们利用多种途径来搜寻生活中的重力现象。

(二) 教学案例分析

在《重力》一节的教学设计中，改变了传统的教学模式，采用一问一答的方式，通过增加提问次数，让学生思维不脱节。本节课的重点是在教师的指引下，培养学生的观察能力和实验操作能力，初步掌握研究常见力的重要方法。在该教学设计中，利用就地取材的方法，尽可能地选取教室里现有的生活用品，简单而又快捷地为学生展示有关内容。在进行探究影响重力大小的因素时，教师要让学生知道本次实验的目的，避免学生盲目进行实验。在新课讲授时，教师增加提问次数，培养学生观察现象的细致性和全面性。在学生学习探究性内容时，通过师生、生生和个人独立思考的方式让学生交流实验内容，及时让学生表达内心的想法，以及学会接受其他学生的意见或建议，让学生快速理解理论知识，掌握学习技巧，并熟练应用物理知识。通过布置作业，教师让学生在课后搜集与研究内容有关的物理现象，培养学生良好的观察习惯，巩固基础知识。

结束语

初中物理教师要想改变传统实验教学模式，进一步提升实验教学质量，就必须对实验课堂教学进行改革和创新，通过转变实验形式，提高学生实验学习的实效性，为学生实验学习创设更多的参与机会，加强实验过程中的思维引导，促进学生物理能力的提升和物理核心素养的综合发展。笔者通过研究认为，初中物理创新实验设计与教学可采取如下策略：

(一) 自主撰写实验设计和实验方案

创新初中物理实验教学的重要方式之一，就是让学生从根源上掌握物理实验的方法，并且能够在完全掌握原理的基础上，对实验进行优化设置，这既给学生提供了一定的创新空间，又能够让学生深入理解实验原理。学生物理实验能力的提升和培养体现在其能够依据已有的知识对新的知识进行联系和迁移，并且形成个性化的观点和看法。这个过程体现出学生不仅是在学习物理这一门学科，更是在更新个人的学习思维和学习方法，为今后的自主探究打下良好的基础。

(二) 利用创新表演还原历史实验

表演这一形式是一种较为新颖的学习方法，它能够迎合学生的兴趣与喜好，让学生在动态的表演过程中得到沉浸式的体验。在利用表演还原历史实验的过程中，学生能够感受到内心情感上的共鸣和实验过程的厚重感与历史感。在这一过程中，物理实验教学不再是单纯的数据交换和理论学习，它被注入了新的灵魂和意义，学生能够在学习过程中感受到物理实验存在的价值，以及它对物理学科的贡献，这样在进行具体实验时学生会更加全神贯注。

（三）设置具体情境，创新提问方式

拥有具体情境的物理实验教学是有活力的、有灵魂的，教师需要提升创设情境的能力。在教学过程中，教师不仅仅是传道授业解惑的人，更是与学生一起探索物理世界的探险家。教师需要具有魔术师一般的品格，能够为学生创设良好的情境和营造良好的学习氛围，将学生自然而然地带入到物理实验学习中，并且为学生巧妙地提出探究问题创造条件。在有了教师的铺垫和情境的创设之后，学生解决问题的能力将会大大提升，其专注度也会有质的飞跃。

总而言之，物理实验教学是物理学习必不可少的环节和重要推动力。教师需要将学生物理学习的节奏与物理实验进行结合，让学生成为物理实验操作的主体。从实验的设计到实验的观察和结果的收集，都需要学生进行自主探究，让学生自行完成，这样才能够充分尊重学生的主体地位，发挥其主观能动性，最大限度地提升其物理实验的学习效率。

参考文献

[1] 万广恒.浅谈初中物理实验教学的困境及出路 [J].知识文库，2022 (04)：151–153.

[2] 王想敏.核心素养导向下的初中物理创新实验教学设计——以"大气压强"实验教学为例 [J].物理教学，2022，44(02)：38–40.

[3] 徐婷，徐萌.STEM 教育理念下的初中物理实验教学研究 [J].吉林省教育学院学报，2022，38(02)：117–121.

[4] 周来成.初中物理实验教学方法的创新探讨 [J].新课程（上旬），2022(11)：106–107.

[5] 黄艳.发展核心素养视角下初中物理创新实验教学研究 [J].数理化解题研究，2022(02)：115–117.

[6] 马媛媛.试论初中物理实验教学改进与创新 [J].红豆教育，2021，3(19).

[7] 郭文琴.初中物理实验教学中创新思维能力的培养策略探究 [J].红豆教育，2021，3(19).

[8] 周天宝.初中物理教学中学生实践能力的培养策略 [J].知识文库，2021(24)：167–169.

[9] 曹天龙.基于合作学习的初中物理探究性实验教学策略 [J].理科爱好者（教育教学），2021(06)：154–155.

[10] 王瑶.以学生自主创新实验促进初中物理深度学习 [J].现代教育论坛，2021，4(11)：134–35.

[11] 王春芳.初中物理课堂实验微创新研究 [J].教育与装备研究，2021，37(11)：69–72.

[12] 方玲.浅谈初中物理实验教学方法的创新思路策略 [J].新课程（上旬），2021(45)：164.

[13] 高慧.关于初中物理实验教学的创新探究 [J].新智慧，2020（36）：11-12.

[14] 范海洪.合作学习在初中物理实验教学中的应用探讨 [J].数理化解题研究，2020(35)：75-76.

[15] 施清.新课改下初中物理实验教学的改进与创新 [J].新时代教育，2020，2(7).

[16] 孙荫昌.初中物理实验教学创新初探 [J].天津教育，2020（33）：102-103.

[17] 张家灵.初中物理探究式实验教学策略分析 [J].基础教育论坛，2020(31)：46-47.

[18] 陈英才，刘碧霞.关于初中物理实验教学的研究 [J].天天爱科学（教育前沿），2020(11)：116.

[19] 束成.物理创新实验教学的多元探索 [J].中学课程资源，2020(10)：23+17.

[20] 是菊萍.在初中物理教学中培养学生实验新思路的研究 [J].中学生数理化（教与学），2020(10)：81.

[21] 吴建兵.初中物理实验创新的形式与内涵探究 [J].黑龙江教育（教育与教学），2020(10)：56-57.

[22] 马惠民.初中物理教学中实验教学开展策略探究 [J].求知导刊，2020(40)：54-55.

[23] 顾宏新.体验式教学在初中物理创新实验中的应用 [J].新课程导学，2019(S2)：69.

[24] 王丹.创新物理实验培养学生创新素养 [J].理科爱好者（教育教学），2019(06)：182-183.

[25] 贺登超.初中物理实验教学与实验改进的研究 [J].天津教育（下），2019(33)：116+118.

[26] 王鹤依.初中物理实验教学方法的创新思路 [J].中华少年，2018（36）：42.

[27] 肖莉.初中物理实验科学探究 [J].考试周刊，2018(A3)：159.

[28] 岳俊杰.初中物理实验教学有效性实现策略 [J].中学生数理化（教

与学），2018（10）：85+87.

[29] 侯春旭.初中物理创新实验对激发学生学习物理兴趣的研究 [J]. 新课程（中旬），2018（09）：19.

[30] 赵晓光.初中物理实验教学方法的创新思路 [J]. 祖国，2017（23）：263.

[31] 徐小兵.初中物理实验中学生创新能力的培养初探 [J]. 考试与评价，2017（12）：115.

[32] 赵霞.初中物理实验教学对学生创新能力的培养 [J]. 高考，2016（36）：128.

[33] 顾一军.谈初中物理实验的创新及其重要性 [J]. 教育观察（下旬），2016，5（12）：101-102.

[34] 王俊贤.浅谈初中物理实验教学中的创新教育 [J]. 甘肃教育，2015（21）：112.

[35] 殷正用.初中物理实验教学方法思考研究 [J]. 新课程导学（八年级中旬），2015（29）：33.

[36] 牟晓兰.初中物理实验教学案例精粹 [M].沈阳：辽海出版社，2017.

[37] 才让卡.初中物理实验教学指导 [M].兰州：甘肃文化出版社，2015.

[38] 程宏亮.初中物理实验装置和实验教学方法的变革与创新 [M].长春：吉林人民出版社，2018.

[39] 谭孝君，王影，齐丽新.物理教学模式与视角创新 [M].长春：吉林人民出版社，2017.

[40] 臧文彧.趣味物理创新实验 [M].杭州：浙江大学出版社，2016.

[41] 周上游.物理实验教学探索 [M].上海：上海社会科学院出版社，2013.

[42] 彭前程.初中物理探究教学的理论与实践 [M].北京：人民教育出版社，2010.

[43] 郑容森.物理教学改革与实践探索 [M].成都：西南交通大学出版社，2016.